KB180045

1억을
모았습니다

옆집 부부, 직장 동료, 학교 후배의 진짜! 리얼! 성공기

월재연 슈퍼루키 10인 지음

진서원

1억을 모았습니다

초판 1쇄 인쇄 2020년 12월 23일
초판 1쇄 발행 2021년 1월 4일

지은이 • 월재연 슈퍼루키 10인
발행인 • 강혜진
발행처 • 진서원
등록 • 제2012-000384호 2012년 12월 4일
주소 • (03938) 서울시 마포구 월드컵로36길 18 삼라마이다스 1105호
대표전화 • (02)3143-6353 | **팩스** • (02)3143-6354
홈페이지 • www.jinswon.co.kr | **이메일** • service@jinswon.co.kr

책임편집 • 최구영 | **편집진행** • 이명애 | **기획편집부** • 이재인, 정예림, 백은진 | **표지 및 내지 디자인** • 디박스
종이 • 다올페이퍼 | **인쇄** • 보광문화사 | **마케팅** • 강성우 | **일러스트** • 방혜민

ISBN 979-11-86647-54-7 13320
진서원 도서번호 20004
값 14,000원

이 도서의 국립중앙도서관 출판예정도서목록(CIP)은 서지정보유통지원시스템 홈페이지(http://seoji.nl.go.kr)와
국가자료공동목록시스템(http://www.nl.go.kr/kolisnet)에서 이용하실 수 있습니다.(CIP 제어번호 : 2020048898)

독자 A/S – 재인쇄 수정 내용 확인하는 법

재인쇄 시 바뀌는 정보(금융상품, 금리변동, 연말정산 등)를 온라인으로 제공하고 있습니다. 독자 여러분 참고 바
랍니다. '월급쟁이 재테크 연구' 카페(https://cafe.naver.com/onepieceholicplus) → 월재연 시리즈 → 책 집필&
개정 내용 게시판에서 확인해 주세요.

Special Thanks to

슈퍼루키 10인을 선정해 주신
네이버 No. 1 재테크 카페 '월급쟁이 재테크 연구'
70만 회원 여러분께 감사드립니다.

서울 집값은 억억! 한다는데
정작 내 주머니는 가볍기만 하다면
초조하고 조바심나는 하루가 계속되겠지요.
지금 당장 가진 게 없어도
재테크 왕초보라 무엇부터 시작해야 하는지 몰라도
걱정하지 마세요!
0원에서 1억 달성까지 뚝심 있게 밀어붙인
슈퍼루키들의 경험담을 읽다 보면
여러분도 도전하고 싶은 마음이 생길 거예요!

나만의 재테크 노하우를 아낌없이 나누어주신 슈퍼루키 10인께 진심으로 감사드립니다!

까조녀 | 돈사몸 | 마이구미1 | 샤샤24 | 세주맘 | 은잔디 | 잡담마녀 | 젊은 자유 | 헬로마녀 | 호치s

지금 부자를 꿈꾼다면
1억 문턱부터 넘어보자

부자들의 첫 목표도 '1억 모으기'
종잣돈만 잘 모아도 무섭게 돈이 불어난다!

부자가 되고 싶으신가요? 그렇다면 묻지도 따지지도 말고 첫 종잣돈(First Seed Money)부터 모아야 합니다. 작은 부자든, 큰 부자든, 자수성가한 부자들의 공통점은 첫 종잣돈을 성공적으로 모았다는 것입니다. 왜 처음 모으는 종잣돈을 '잘' 모으는 것이 중요할까요?

일단 첫 종잣돈 마련에만 성공하면 그 뒤부터는 눈덩이 불어나듯 돈이 불어나는 속도가 빨라지기 때문입니다. 그리고 이러한 속도의 차이가 결국 5년, 10년, 20년 뒤 부(富)의 차이를 결정짓게 됩니다. 눈덩이를 처음 뭉칠 때는 잘 커지지 않지만 일정 크기 이상이 되면 몇 번만 굴려도 빠르게 커지는데, 이를 '눈덩이 효과(Snow Effect)'라고 합니다. 눈덩이처럼 효율적으로 부를 쌓기 위해서는 첫 종잣돈이 반드시 필요합니다.

1억을 모으면
재테크 습관, 부자 마인드가 자연스레 몸에 붙는다!

그렇다면 첫 종잣돈은 얼마를 목표로 정하고 모으는 게 좋을까요? 재테크가 처음이라면 1억을 목표로 정하고 도전해 보길 바랍니다. 물론 서울 평균 집값이 10억을 웃도는 시대이다 보니 '요즘 1억이 돈인가?'라고 생각할지도 모릅니다. 하지만 1억은 여전히 큰돈이며, 많은 부자들이 첫 목표로 삼았던 상징적인 돈입니다. 1억은 아무런 노력 없이 시간이 지나면 저절로 모아지는 돈이 아닙니다. 올바른 재테크 습관, 방법, 스킬 등을 배우고 실천해야만 비로소 모을 수 있습니다.

월재연 10인의 1억 달성 성공담
저축·주식·부동산 실전 노하우 대공개

《1억을 모았습니다》는 새가슴 안전주의자의 1억 돌파기, 주식&펀드로 1억 돌파기, 부동산 투자로 1억 돌파기 등 '월급쟁이 재테크 연구' 카페 슈퍼루키 10인이 삶 속에서 치열하게 도전하여 이뤄낸 성공 사례와 실전 노하우를 담은 책입니다.

이들의 사례를 차례대로 읽다 보면 나도 모르게 가계부도 쓰게 되고, 불합리한 소비를 줄여서 절약·저축도 하게 되고, 월급 이외의 부수입을 늘리기 위한 고민도 하게 되고, 초저금리 극복을 위해 주식·펀드·부동산 등 투자에도 관심을 갖고 공부하게 될 것입니다. 즉, 이 책에 등장하는 사람들의 경험담을 통해 노하우를 배우고 실천하면 좀더 쉽게 1억 모으기에 성공할 수 있을 것입니다.

월급이 쥐꼬리만 하다고, 살림살이가 빠듯하다고 지레 포기하지 말고 용기내서 도전해 보길 바랍니다. 1억 모으기! 분명 당신도 해낼 수 있습니다. 응원합니다!

마지막으로 진심을 다해 좋은 책을 만들어주신 진서원 출판사에 고마움을 전하며, 선한 영향력을 아낌없이 나눠주신 저자님들의 건승을 기원합니다. 그리고 항상 따뜻한 사랑을 보내주시는 '월급쟁이 재테크 연구' 카페 회원님들께도 진심으로 감사드립니다.

'월급쟁이 재테크 연구' 카페 주인장

꿈마미아

✦ 월재연 슈퍼루키 10인을 소개합니다 ✦

샤샤24

**재테크 권태기 극복하고 목표 달성!
종잣돈 모은 원동력은 자기계발**

소비로 인한 만족감보다는 목표를 달성하는 성취감이 더
짜릿하다고 느끼는, 재테크가 취미이자 생활이 된 결혼 2년차 직장인입니다.
재테크 권태기를 극복하고 1억을 모을 수 있었던 원동력은 바로 자기계발
이었어요. 자산을 쌓아가며 배우고 도전할 것들이 많은 것은 상상만
해도 즐거운 일인 거 같아요. 여러분도 저와 함께 도전해 보세요!

은잔디

**28살에 1억 모으기 성공!
가족과 함께 워킹맘 재테크!**

아이들에게 부자 DNA를 물려주고 싶은 평범한 월급쟁이 30대 워킹맘이
에요. 예금, 적금, 채권은 물론 주식, 부동산, 셰어하우스 등 꾸준한 노력으로
여유로운 내일을 꿈꾸고 있어요. 근로소득 이외에 다양한 부수입
파이프라인을 만들기 위해 오늘도 고군분투하고 있는
저의 얘기 들어보실래요?

우리는 이렇게 1억을 모았어요

세주맘

**결혼 5년차, 2억 모으기 달성!
아이 둘 키우면서 종잣돈 모으기**

아이 둘을 키우면서 공부하는 인문계열 박사과정 육아맘이에요.
종잣돈이 우리 가족의 미래라는 생각으로 지출은 최소로 줄이고 수입은
최대한 늘리면서 절약 생활과 부수입 올리기를 하고 있습니다.
이렇게 내 집 마련에 성공했고, 다음 목표는 수입의 90%를
저축하는 거예요!

까조녀

**아이 둘 흙수저 맞벌이 부부
빌라 전세에서 신축 아파트로 환승 성공!**

신혼생활 없이 이른 결혼을 하면서, '열심히 살아서 행복하자'라고
부부가 똘똘 뭉쳤어요. 짠내나는 절약과 투자로 돈을 모았습니다.
'젊어 고생은 사서도 한다'라는 말처럼 열심히 절약하며 살고 있어요.
아이들을 위해 아등바등 치열하게 사는 지금이 제일 행복합니다.

잡담마녀

흥청망청 과소비 신혼부부
절약, 부업, 주식투자 도전!

결혼하자마자 흥청망청 소비하던 습관을 단번에 버리고,
신혼부부이기에 모을 수 있는 목돈을 빠르게 모았습니다.
절약과 동시에 부수입 창출이라는 파이프를 만들어 지출방어 및
목돈마련을 위해 꾸준히 노력하고 있습니다.
이제는 주식으로 자산을 불리고 있어요. 주저하지 말고
자신만의 방법으로 꼭 도전해 보시길 바랄게요!

헬로마녀

대학생 시절부터 재테크 입문!
4인 가족 신축 아파트 살며 월세 받기

무일푼으로 일찍 결혼해 가난에 허덕였지만 선택과 집중, 적당한 절제가
있다면 불가능은 없다는 것을 깨달았어요. 대학생 때의 경험을
바탕으로 한 주식투자가 제 종잣돈을 무섭게 불려준
주역이었답니다. 남편과 두 아이와 함께 부의
추월차선에 올라탄 지 4년째,
이제는 월 3천만원 수입 만들기에 도전합니다.

우리는 이렇게 1억을 모았어요

돈사몸

적금으로 시작해서 펀드와 주식까지
열등감 극복하고 금융문맹 탈출!

주식은 패가망신의 길이고, 펀드 권유자는 사기꾼이며,
오직 예적금만이 안전하다고 믿던 저. 뭐 하나 투자하려면
손실 두려움 때문에 백날 고민만 하던 프로 고민러,
실행력 제로, 새가슴이던 제가 이제 금융문맹 탈출하고
눈덩이를 굴리는 중입니다. 1억 → 2억 → 4억 → 8억 → 16억
데굴데굴 굴려서 부자가 될 거예요!

마이구미1

연봉 3천 미혼여성의 1억 돌파기
재테크 모범생의 투자법 공개

이제야 연봉 3천이 된 6년차 직장인, 30대 초반 미혼여성입니다.
월급과 근로소득에 불안함을 느끼고 재테크에 관심을 가져
지출통제, 지출방어, 저축, 투자로 이어지는 재테크의
정석을 밟아 첫 월급 120만원에서 순자산 1억을 만들어낸
재테크 모범생입니다. 지금은 부동산 투자 수익률
500%를 기록하고 있어요.
자본소득이 근로소득을 넘어서는 그날까지 아자아자!

젊은 자유

무일푼 20대도 가능하다
22살 내 집 마련 대성공!

어릴 때부터 평범한 건 싫어했던 저는 대학교 진학 대신 취업을
선택했습니다. 15평 투룸에서 눈물 흘렸던 아이는
이제 4채 이상의 부동산을 가지게 되었어요.
성공의 비결은 간절함을 기반으로 한 열망과 노력이었습니다.
꿈꾸는 만큼 이룰 수 있다고 생각하기에
오늘도 쉬지 않고 달립니다.

호치s

부린이 부부의 부동산 투자기
급등 기회를 붙잡고 순자산 3배로 껑충!

부동산에 전혀 관심이 없던 우리 부부,
우연한 기회에 부동산에 눈을 뜨게 되었습니다.
부동산을 공부하고 주택을 늘리면서
1년 만에 순자산이 3배 늘어났어요.
임장이 취미인 우리 부부!
앞으로도 경제적 자유를 얻을 때까지
부동산 공부와 투자는 계속됩니다!

0원에서 1억 돌파! 왕초보도 할 수 있다!

1억 누구나

부수입을
만들고 싶어

재테크의
기본도
모르겠어

투자는
아직 무서워

HOW TO

절약·저축으로 1억 모으기!

직장인 몸값 올리기	28살에 1억 달성!	푼돈목돈 부업 마스터	짠테크 달인
샤샤24 26쪽	은잔디 47쪽	세주맘 60쪽	까조녀 80쪽

모을 수 있다!

옆집 부부, 직장 동료, 학교 후배의 진짜! 리얼! 성공기

종잣돈을 빠르게
불리고 싶어

노후준비가
필요해

예적금만은
불안해

내 집 마련을
하고 싶어

대출의
도움을 받을래

월급만으론
부족해

주식 · 펀드로 1억 모으기!

부동산 투자로 1억 모으기!

흥청망청
신혼생활
굿바이!

강의하는
주부 투자자

적금/
펀드/주식
마스터

연봉 3천
싱글 부동산
투자자

22살
내 집 마련
대성공!

1년 만에
5주택 마련!

잡담마녀
98쪽

헬로마녀
112쪽

돈사몸
132쪽

마이구미1
154쪽

젊은 자유
167쪽

호치s
186쪽

✦목✦차✦

첫째마당

새가슴 안전주의자의 1억 돌파기

01 ✦ 사회초년생은 연봉 올리는 게 최고의 재테크! ✦ 샤샤24 ✦   026

"1천만원이라도 모으고 오세요."   026

1차 목표 3천만원 : 무조건 절약!   028

2차 목표 5천만원 : 직장인 최고의 재테크는 자기계발!   029

T·I·P 부업의 함정   032

1억 모으기 성공 : 재테크 권태기 극복하고 목표 달성!   034

결혼 후 1년, 드디어 가계부에 '1억' 등장!   042

투자 그릇을 만들어준 것은 결국 자기계발!   043

T·I·P 루체아님과 고몽니님의 학자금대출 상환 이야기   045

02 ✦ 스물여덟에 1억 모았어요 ✦ 은잔디 ✦   047

월급 170만원으로 시작한 사회생활   047

20대에 어떻게 1억을 모았냐면요…   048

우리 가족 재테크 ① 미국주식   050

우리 가족 재테크 ② 셰어하우스   053

토끼는 토끼의 인생을, 거북이는 거북이의 인생을!   057

<kbd>T·I·P</kbd> 1천만원 모을 때마다 인증글을 올리는 시나길님   059

03 ✦ 두 아이 키우며 2억 모으기 ✦세주맘✦   060

첫 1억은 36개월, 다음 1억은 22개월 걸렸어요   060

목표는 구체적이고 명확하게! 첫 목표는 '3년간 1억 모으기'   062

수입이 늘어나도 지출비용은 월 150만원으로 고정   063

<kbd>T·I·P</kbd> 미니멀라이프로 삶을 다운사이징 해보자   064

임신 · 출산 · 육아비용 절약 경험담 5가지   065

부업활동이 제2의 월급 : 앱테크, 카테크, 상테크!   073

계획대로 내 집 마련 성공! 다음 목표는 저축액 90%!   076

<kbd>T·I·P</kbd> 금융상품권으로 상테크하는 법   077

<kbd>T·I·P</kbd> 자녀교육 대비하는 우리 가족 재테크 사이클   079

04 ✦ 흙수저 맞벌이 부부, 빌라 전세에서 내 집 마련 성공 ✦까조녀✦   080

지출구멍 원천 봉쇄! 신용카드 해지, 고정비, 생활비 틀어막기!   080

<kbd>T·I·P</kbd> 짠테크 요요현상을 막아라!   084

성실하게 글만 잘 쓰면 가족 외식이 무료   086

주말 데이트는 아파트 모델하우스 산책   087

빌라 전세에서 신축 아파트로 점프업!   089

1억 자산을 불려준 월급쟁이 공모주 청약 노하우   091

<kbd>T·I·P</kbd> 모델하우스 비밀노트 만들기   095

05 ✦ 외벌이 신혼부부 총자산 2억 돌파! ✦잡담마녀✦   098

남편은 일터로, 아내는 재테크로! 업무분담 효과 UP!   098

깡통전세로 3년간 속앓이, 흥청망청 소비 멈추고 재테크에 입문!   099

보험 다이어트로 새는 돈 잡기, 때로는 해지가 이득일 때도 있다   102

보험 유지의 함정   103

신혼부부에게 필요 없는 보험 1순위 – 종신보험   104

신혼부부에게 꼭 필요한 보험 3가지   105

새는 돈 모아 주식투자, 자산을 1년 만에 크게 불려주다!   108

변화의 시작은 단 한 걸음에서, 초조함에서 절실함으로!   110

06 ✦ 주식투자로 공장 옥탑방에서
내 집 마련 성공! ✦헬로마녀✦   112

23살, 무일푼으로 신혼을 시작하다   112

대학 때 경험한 주식투자, 운빨로 수익을 거둔 시기   113

다시 문을 두드린 주식시장, 바이오주로 단기투자 대성공! 그러나 …   115

상승장에도 하락장에도 버티려면 적립식 투자   116

동학개미 군단의 일원이 되다   118

인내의 시간을 보답해 준 주식투자, 종잣돈을 무섭게 불려준 주역!   119

주부 투자자와 찰떡궁합, MTS   121

초보 주식투자자라면? 거래량부터 확인하자!   123

눈 밝은 투자자라면? 가치투자!   123

재무제표는 회사의 가계부! 주식투자할 때 꼭 체크!   125

미국시장도 좋고, 환율도 저렴해졌다면? 1년에 4번 배당금 주는   126
    미국 배당주 도전!

성공의 핵심은 마음 다잡기, 적금 대신 적립식 주식투자!   129

T·I·P 주식투자 실패의 27가지 원인   130

07 ✦ 적금 → 펀드 → 주식, 돈 모으는 속도가 빨라진다! ✦돈사몽✦

    132

열등감 극복하고 1억, 그리고 또 1억 달성!   132

안전한 예적금? 원금(만) 안전하게 돌려드립니다   133

적금은 기본으로, 주식은 그 다음에!   135

연금펀드, P2P, 해외 비과세 펀드로 배운 투자 공부   137

T·I·P P2P 투자가 필요한 사람은 누구일까? P2P 투자처 종류!   142

펀드 수수료가 아까워질 무렵, 주식투자 시작! 주식 초보자는 관심종목 1주부터!   147

내 집 마련을 위하여! 그래도 미래를 위한 청약저축은 필수!   148

책과 월재연을 멘토로 삼아 성장   149

T·I·P 강남3구에서 가장 많이 사는 펀드가 궁금하다면?   151

셋째마당

월급만으로 부족해 ②
부동산 투자로 1억 돌파기

08 ✦ 연봉 3천 싱글 직장인,
5년 만에 1억 모아 아파트 구입 ✦ 마이구미1 ✦   154

첫 월급 120만원, 비교는 이제 그만! 내 상황에 집중하자   154
보험, 교통, 통신비부터 줄여보자   156
종잣돈 모으면서 부자 정신 배우는 법   159
부동산 투자는 자산을 불려준 일등공신   160
운이 좋았던 부동산 첫 투자   164
부자가 되고 싶은 이유는 '행복'   166

09 ✦ 철부지 중학생,
부자 되기로 결심하다! ✦ 젊은 자유 ✦   167

대학 대신 취업을 선택, 22살에 아파트 사게 된 원동력은?   167
"조금 더 넓은 곳에서 살고 싶었어요."   168
성급함이 불러온 두 번째 실수, 기획부동산에 계약금을 보내다   170
경기도 화정 아파트 매수, 생애 첫 내 집 마련   171
2020년은 최고의 한 해, 초보 투자자 연이어 아파트 계약 성공!   173
본격 투자 준비! 셀프 법인 설립하다!   176
부동산 규제를 비껴간 '송도 힐스테이트'   179

매매차익은 물론 월세 수입까지! 비결은 열망과 노력!   181

나의 가치는 내가 꿈꾸는 목표만큼 정해진다   183

T·I·P 젊은 자유님의 부동산 투자 메니플로 대공개!   184

10 ✦ 욜로 청산! 치열한 공부 끝에 다주택자 등극! ✦호치s✦

     186

주상복합 예비당첨 포기, 아뿔싸! 지금은 P가 3억!   186

절치부심, 값진 경험을 발판삼아 울산 대장아파트 매매까지 골인   187

청약 당첨 후 7·10대책 발표! 다주택자 선택의 갈림길   188

순자산이 3배로 늘어날 수 있었던 이유! 운, 노력, 그리고 대출의 힘!   193

5주택 성공의 핵심은 '부자 마인드'   196

T·I·P 돈 되는 부동산 앱 활용법   200

사회초년생은 연봉 올리는 게 최고의 재테크! : 샤샤24 :

스물여덟에 1억 모았어요 : 은잔디 :

두 아이 키우며 2억 모으기 : 세주맘 :

흙수저 맞벌이 부부, 빌라 전세에서 내 집 마련 성공 : 까조녀 :

100,0

새가슴
안전주의자의
1억 돌파기

0,000

사회초년생은 연봉 올리는 게 최고의 재테크!

: 사사24 :

"1천만원이라도 모으고 오세요."

제가 처음으로 가계부를 쓰기 시작한 건 22살 때입니다. 작은 수첩에 수입과 지출을 수기로 적고 매주 정산을 했던 저의 첫 가계부는 용돈기입장에 더 가까웠던 것 같아요.

당시 저는 어릴 때부터 하고 싶었던 일을 하기 위해서 돈보다는 시간 확보가 우선이었습니다. 그래서 여유 시간이 보장된 일을 하느라 최소한의 수입으로 생활하게 되었어요. 그러면서도 틈틈이 자유적금을 넣어 500만원의 종잣돈을 모았습니다. 물론 이 돈은 하고 싶었던 일을 하느라 다 소진했지만요.

22살부터 쓰기 시작한 가계부! 종잣돈을 만들어준 일등공신이에요.

　　본격적인 돈 모으기는 대학교를 졸업하고 28살에 취업을 하면서 시작되었습니다. 첫 월급을 받고 적금 상품을 알아보던 중 '모네타'라는 사이트를 알게 됐어요. 재테크 정보를 제공하면서, 재무설계사가 상담을 해주는 사이트입니다. 이곳에 호기롭게 투자 상담글을 올린 저에게 한 재무설계사 분이 묵직한 한 방을 날리더라고요.

　　"투자를 하려면 최소 1천만원이라도 종잣돈을 모으고 상담 받으세요."

　　그렇습니다. 저는 구구단도 못 외우면서 이차방정식과 미적분을 풀려고 했던 거예요. 충격을 받은 저는 '꼭 1천만원을 모아서 다시 상담을 받아야지'라고 결심하고 종잣돈 모으기에 열중하게 됩니다.

▲ 모네타 홈페이지(www.moneta.co.kr)

1차 목표 3천만원 : 무조건 절약!

종잣돈을 모으기 위해 제가 실천했던 방법들입니다. 아래의 방법
으로 저는 3년 만에 3천만원을 모으는 데 성공했습니다.

1 | 주말 아르바이트하기

직장을 다니면서 한의원, 뷔페 서빙, 단기 아르바이트 등 가리지
않고 무조건 지원을 했습니다. 일을 시켜만 준다면 원거리도 마다하
지 않았습니다. 혈기왕성한 20대 체력 덕분이었다고 생각합니다.

2 | 의류미용비 아끼기

저는 화장을 거의 하지 않았고 머리도 긴 생머리를 유지했습니

다. 옷도 보세 매장에서 세일하는 제품만 골라 샀어요. 외모에 너무 관심이 없어 보인다는 핀잔을 묵묵히 참으며 돈을 모았습니다.

3 | 연차 쓰지 않기

연차를 쓰지 않으면 돈으로 정산해 주는 회사에서 근무했습니다. 저는 정말 피치 못할 사정이 있지 않는 한 연차를 쓰지 않았어요.

4 | 최저가 찾기

어떤 것을 사든 인터넷을 2~3시간씩 뒤져서 10원이라도 싼 걸 샀습니다. 지금 생각하면 정말 푼돈이지만 종잣돈을 모으는 초창기에는 이런 자세도 중요하다고 생각했어요.

2차 목표 5천만원 : 직장인 최고의 재테크는 자기계발!

3천만원을 모으고 나서는 투자해서 수익을 낼 수 있는 것들을 찾아보게 되었습니다. 시중에 나와 있는 부동산 경매 책을 사서 권리 분석을 공부하고 인터넷에서 펀드 관련 정보도 수집했습니다. 그러면서 저는 큰 고민에 빠지게 되었습니다.

책을 읽으면서 배운 것은, 투자가 생각보다 쉽지 않다는 것이었습니다. 실력을 쌓기 위해 공부를 많이 해야 하는 것은 기본이고, 투자를 이어가기 위해서는 종잣돈을 계속해서 만들어야 하는데, 종잣돈을 모으는 시간이 오래 걸릴수록 투자할 수 있는 기회가 줄어들고, 자산이 불어나는 속도도 더뎌질 거라는 생각이 들었습니다.

당시 전 가계부를 쓰며 절약과 저축을 이미 생활화한 상태였기에 소비를 더 줄여서 종잣돈을 불리는 것은 무리라는 판단이 들었습니다. 부업이었던 주말 아르바이트와 본업을 병행하는 것도 체력적으로 한계를 느끼기 시작했습니다. 그래서 저는 과감하게 재테크를 2순위로 밀어놓고 직장에서 나의 가치를 높일 수 있는 자기계발을 하자라고 생각했습니다.

그 시기에 저는 직장에서 국내 업무를 하고 있었는데, 업무 특성상 영어 능력을 갖춰서 해외 파트로 이직하면 연봉 상승은 물론이고 연봉의 상한액도 더 높아질 수 있었습니다. 그래서 투자보다 자기계발에 집중하자고 더 쉽게 결정할 수 있었지요.

그렇게 서른 살에 처음 영어학원을 다니며 토익 시험을 보았고, 저의 영어 공부가 시작되었습니다. 그러던 중 포털 사이트에서 원격대학(사이버대학) 모집공고를 보게 되었어요. 영문과 커리큘럼을 찾아보았는데 학원에서는 배울 수 없는 깊이 있는 과목들이 많았고, 무엇보다 영어학원을 다니는 것보다 학비가 매우 저렴했습니다. 공부의 목표가 토익 점수가 아닌 영어 실력 향상이었기 때문에 원격대학에 진학하는 것은 그 당시의 저에게 가장 좋은 선택이라고 생각했습니다.

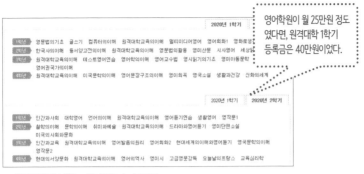

영어학원이 월 25만원 정도
였다면, 원격대학 1학기
등록금은 40만원이었다.

▲ 한국방송통신대학교 영어영문과 커리큘럼

　　대학에 진학한 후 다른 일은 제쳐두고 공부에만 매진했습니다. 퇴근 후 매일 2~3시간씩 강의를 듣고 복습했고, 시험 때는 한 달 전부터 공휴일과 주말에 12시간씩 공부했습니다. 그렇게 2년 반을 보낸 후 졸업을 하고, 원하던 해외 파트로 연봉을 올려 이직할 수 있었습니다. 물론 그동안에도 절약과 저축을 지속해 5천만원의 종잣돈을 모았습니다.

　　연봉이 올라가니 전보다 종잣돈 모으는 속도가 빨라지고, 따로 아르바이트나 여타 돈벌이 활동을 하지 않아도 되어서 시간적인 여유도 생겼습니다. 투자 관련 강의를 듣고 책을 보며 공부할 시간을 덤으로 확보한 것이죠.

　　투자에 있어 종잣돈만큼 중요한 것이 시간을 확보하는 것이라고 합니다. 자기계발을 통해 연봉을 높이는 것은 종잣돈과 시간, 두 가지를 다 잡을 수 있는 방법인 것 같습니다. 그런 만큼 자기계발을 위한 비용은 아끼지 말고 최대한의 효과를 낼 수 있게 매진하는 것이 중요합니다. 직장인 최고의 재테크는 본인의 몸값을 올려 연봉을 높이는 일이라고 생각합니다.

부업의 함정

월재연 카페의 **성실한 흙수저님**은 부업에 대한 조언을 남겼습니다. 손쉽게 부업을 시작할 수 있는 요즘, 부업은 자산을 불리기 좋은 방법처럼 보이는데요, 오히려 독이 되는 경우가 있습니다.

첫째, 부업은 보상이 즉시 이루어진다는 장점이 있지만, 막상 따져보면 미미한 경우가 많습니다. 반면 본업이나 투자는 보상이 즉시 이루어지지 않죠. 프로젝트를 완수한 시점이나 월급을 받을 때, 분기별로 배당금을 받거나 차익실현을 했을 때만 보상이 이루어집니다. 바로 이 지점에서 우리는 부업의 함정에 빠질 수 있습니다. 부업의 즉각적 보상은 본업과 투자의 지연된 보상을 지루하게 여기도록 만들 수 있습니다. 하지만 합리적으로 계산해 보면 **건전한 본업과 투자가 부업의 보상보다 훨씬 큰 게 사실**이죠.

둘째, 부업은 자기계발을 미루게 합니다. 부업에 과도하게 열중하는 사람을 보면 자기계발에 드는 비용과 시간을 아까워하며 그 시간에 하루 100원, 1,000원 버는 부업을 하는 경우를 종종 보게 됩니다. 하지만 자기계발의 효과는 복리로 나타납니다. 두 달 동안의 독서와 운동은 아무 효과가 없지만 1년 동안의 독서와 운동은 효과가 나타나고, 10년 동안의 독서와 운동은 인생 전체를 긍정적으로 변화시킬 수 있습니다.

셋째, 부업의 보상은 시간이 지나도 그대로입니다. 1년 경력이나 15년 경력이나 차이가 없는 거죠. 부업에서는 오로지 투입한 시간만이 중요한 변수가 됩니다. 출석체크형, 방치형, 걷기형, 퀴즈 이벤트형, 설문조사형 모두 마찬가지입니다. 경력이 오래되었다고 리워드가 더 커지진 않습니다.

넷째, 대다수 앱테크는 수시로 핸드폰을 들여다봐야 하거나, 사소한 시간 맞추기가 요구됩니다. 이 말은 수시로 집중력을 흐트러뜨릴 수 있다는 거죠.

그렇다면 사소한 부업에 집중하지 않았을 때 어떤 이득을 얻게 될까요? 본업에서의 승진과 더 좋은 직장으로의 이직은 수익을 늘립니다. 삶의 질을 높이고 성취감까지 주죠. 또한 똑같은 시간을 일했을 때 얻는 소득이 더 커지는 경우가 많습니다.

부업은 말 그대로 부업입니다. 보조수단이 되어야 합니다. 아이가 있다면 가장 중요한 것은 육아에 집중하는 것입니다. 그 다음으로 본업에서 나의 시장가치를 높이는 것이 중요하고, 지출을 통제하고 저축하며 투자하는 것이 중요합니다. 부업은 맨 마지막 순서에 둬야 합니다.

1억 모으기 성공 : 재테크 권태기 극복하고 목표 달성!

이직을 하고 연봉이 올랐지만 시련이 찾아옵니다. 이직한 회사에서 텃세가 심해 업무에 적응을 못하고 좀비와 같은 생활을 1년 반 동안 했거든요. 잦은 야근과 주말 출근으로 투자 공부는 꿈도 꿀 수 없었고, 정신적인 스트레스도 이만저만이 아니었어요.

그때 제가 깨달은 것이 세 가지 있습니다.

✦ 이직 후 깨달은 3가지 ✦

① 연봉도 중요하지만 그보다 중요한 것은 안정적으로 꾸준히 수입이 들어오는 것이다.

② 자산을 불리기 위해서는 저축을 넘어 투자가 필요하다.

③ 투자를 위해서는 시간 확보가 필수다.

이런 생각을 한 저는 충분한 시간 확보가 가능하고 스트레스가 덜한 직장으로 이직합니다. 그리고 결혼을 하게 되면서 맞벌이로 수입이 늘자, 그동안의 재테크와는 다른 방법을 실천해야 한다는 생각이 들었습니다.

그래서 본격적으로 투자 공부를 시작하게 되었습니다. 저는 특히 부동산에 관심이 많아서 부동산 공부를 많이 했어요. 아래는 제가 투자 공부를 한 방법입니다.

본격 투자 실천 1 | 월재연 특강 듣기

네이버 '월급쟁이 재테크 연구 카페'(이하 '월재연')에는 종잣돈 모으기, 경매, 펀드 등 재테크에 관련된 특강이 많아요. 저는 강의를 통해 새로운 내용도 배우고 동기부여도 받았습니다. 특강을 들은 뒤엔 나눠준 자료를 복습하여 제 것으로 만들기 위해 노력했어요.

▲ 네이버 월급쟁이 재테크 연구 카페에서 '찐' 전문가 강의 듣기
(https://cafe.naver.com/onepieceholicplus)

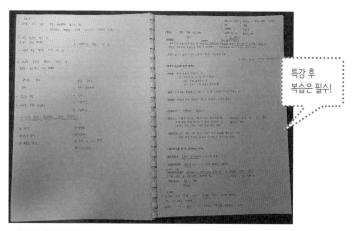

▲ '샤샤24'님의 복습노트

본격 투자 실천 2 | 부동산, 주식 정규강의 듣기

부동산과 주식 관련 강의는 온라인, 오프라인에 참 많이 개설되어 있어요. 많은 강의가 있는 만큼 양질의 강의를 듣기 위해서 열심히 찾아다녔습니다. 물론 꽤 비싼 강의료를 입금할 때마다 손이 떨렸지요. 하지만 혼자서 공부하기엔 시행착오도 많고 시간도 오래 걸리기 때문에, 공부에 지불하는 돈은 비용이 아니라고 수시로 마음을 다잡으며 1년 동안 부동산 입지, 분양권과 청약, 세금, 주식 등 투자 전반에 대해 공부했습니다.

투자 능력을 갖춘 실력 있는 강사는 많은 경험에서 비롯된 본인만의 노하우가 풍부합니다. 강의 중간중간 본인의 경험담이나 노하우를 자연스럽게 전달해 주고 학생들이 하는 질문에 거의 막힘 없이 대답합니다. 실제로 투자하면서 마주했던 궁금증들을 Q&A 시간을 통해 풀어냈어요.

요즘엔 누구나 콘텐츠 제작자가 될 수 있다 보니, 자칫하면 흔히 말하는 '사짜'에게 소중한 시간을 뺏길 수도 있습니다. 그래서 저는 강사의 이력을 확인해서 강의 선택 성공률을 높입니다. 만약 강사가 주요 신문이나 유명 사이트(직방, 모네타, 네이버 포스트 등)에 칼럼을 쓰고 있거나 경제신문 머니쇼 등 공신력 있는 재테크 채널에서 종종 언급되는 분이라면 업계에서 실력을 인정받은 분으로 판단해도 됩니다. 꼭 그런 분들이 아니어도 투자업계에도 나름의 유명세와 인맥

이 형성되어 있기 때문에 계속 관심을 가지다 보면 어떤 분이 유명한 분이고 실력을 인정받는 진짜 고수인지 어느 정도는 파악할 수 있게 됩니다.

한 가지 팁을 드리자면, 저는 일부 유명한 사람을 제외하고 유튜브에 영상을 올리는 사람을 무조건 신뢰하지는 않습니다. 유튜브는 약간의 준비만 되어 있으면 누구든 영상을 올릴 수 있는 오픈 플랫폼이어서 실력이 부족한 사람도 얼마든지 본인을 과장해서 홍보할 수 있기 때문이죠. 아끼고 아껴 모은 종잣돈으로 수강하는 만큼 사전에 강의에 대해 최대한 알아보는 것! 투자를 공부함에 있어 정말 중요한 일 아닐까요?

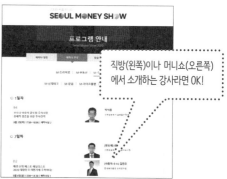

직방(왼쪽)이나 머니쇼(오른쪽)에서 소개하는 강사라면 OK!

본격 투자 실천 3 | 가계부 작성하기

먼저 제가 쓰는 가계부에 대해서 설명드려야 할 것 같아요. 저는 '후잉 가계부'를 사용하고 있습니다. 제가 인터넷 가계부를 쓰기 시작할 무렵 후잉 가계부 말고도 네이버 가계부, 모네타 미니가계부 등 인터넷 기반의 가계부들이 여럿 있었습니다. 그 중에서 제가 후잉 가계부를 선택한 가장 큰 이유는 후잉 가계부가 '복식부기' 가계부이기 때문입니다.

단식부기 가계부는 하루에 지출을 얼마나 했는지, 수입이 얼마나 들어왔는지를 내역별로 입력만 하는 구조여서 처음 인터넷 가계부를 쓰는 사람이 사용하기 쉬운 장점이 있지만, 수입지출 내역이 누락되어도 작성자가 바로 확인하기 어렵습니다.

하지만 복식부기 가계부는 지출을 입력하면 또 다른 항목(통장, 현금, 온누리 상품권 등)에서 그 내역이 동시에 차감되고, 수입을 입력하면 해당하는 항목(현금, 통장 등)에 얼마가 들어왔는지 동시에 반영되는 구조입니다. 그래서 수입지출 기록이 누락되면 통장, 현금 등의 잔액이 맞지 않아 작성자가 누락 여부를 바로 확인하고 수정할 수 있습니다.

복식부기는 실제 기업회계에서도 사용하는 방법으로 돈의 흐름을 가장 정확하게 파악할 수 있는 방법이지요. 저는 수입과 지출, 자산 상태를 최대한 정확하게 파악하고 싶어서 가계부 선택을 할 때 복식부기 여부가 매우 중요했습니다.

또한, 후잉 가계부는 지출, 수입, 투자자산, 신용카드 등 개인이

후잉 가계부는 복식부기 가계부!
입력과 동시에 잔액을 보여줘 누락 여부를 한눈에 파악할 수 있어요!

원하는 대로 항목을 자유롭게 편집할 수 있습니다. 부동산 자산이나 P2P 투자, 주식, 상품권 등도 별도의 항목으로 구분해 놓으면 자산을 더 효율적으로 관리할 수 있습니다.

저의 경우 가계수입은 ① 급여 ② 이자 및 기타 수익 ③ 투자수익으로 항목을 따로 만들어서 입력, 관리합니다. 이렇게 하면 가계부 결산 시(저는 월, 분기, 반기, 1년 단위로 결산합니다) 수입이 항목별로 얼마나 들어왔는지 한눈에 파악하기 쉽고, 특히 투자수익의 경우 일정 기간 동안의 투자내역과 수익금을 보면서 앞으로의 투자 계획을 세울 수 있어 도움이 됩니다.

지출은 크게 ① 식비 ② 유동생활비 ③ 고정생활비 ④ 연간비로 카테고리를 나누고, 그 아래 세부항목을 정해서 입력하고 관리합니다.

이 중 식비는 외식비와 집에서 가끔 즐기는 음주 비용을 줄이기 위해서 '집밥', '집술', '외식비' 계정을 따로 만들어 관리합니다. 항목별로 계정을 만들어 관리하면, 외식이나 음주를 몇 번 하고 얼마를 지출했는지 바로 파악이 되기 때문에 좀 자제하게 되더라고요. 디테일하게 구분한 상세 계정이 저희 집 가계부에서 불필요한 지출을 막는 역할을 하고 있죠. 만약 꼭 필요하진 않지만 주기적으로 발생하는 불필요한 지출이 있다면 해당 항목을 별도로 만들어서 관리하는 것이 절약하는 데 큰 도움이 됩니다.

연간비는 매년 초 한 해 동안 사용할 예산을 미리 정해서 연간비 통장에 넣고 그때그때 사용하는 계정입니다. 이때 뭉뚱그려서 금액을 산정하기보다는 ① 의류미용비 ② 교육비 ③ 경조사 ④ 운동, 건강 ⑤ 돌발비용으로 세분해서 금액을 예상하고 가계부에도 따로 항

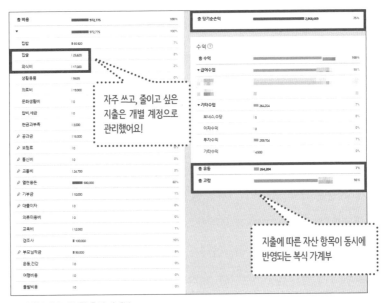

▲ 복식부기가 가능한 후잉 가계부

목을 만들어 관리합니다. ③~⑤번 지출이 예산을 꽉 채우게 되면 의류나 화장품을 좀 덜 구입한다거나, 듣고 싶은 수업을 조금 미룬다거나 해서 총지출을 관리합니다.

본격 투자 실천 4 | 남편과 통장 합치기

저희 부부는 맞벌이여서 두 사람의 월급을 효과적으로 관리할 필요성을 느꼈습니다. 여러 차례 의견 충돌이 있었지만 남편과의 협의를 통해 몇 가지 원칙을 세워 월급을 관리하게 되었습니다.

✦부부 월급 관리 원칙✦

① 월급은 하나의 통장으로 관리한다.

② 가계부를 쓰고 일주일, 월마다 정산하여 내용을 공유한다.

③ 연간비(경조사비, 의류미용비, 운동비 등)는 별도의 계좌로 관리한다.

④ 부부동반 모임이나 예상치 못한 외식의 경우 부부 용돈에서 각출하여 사용한다.

⑤ 제로페이나 온누리 상품권 등 지역화폐를 자주 사용한다.

남편과 공유하기 위해 후잉 가계부를 주간별로 정리해서 엑셀 보고서를 만들었어요.

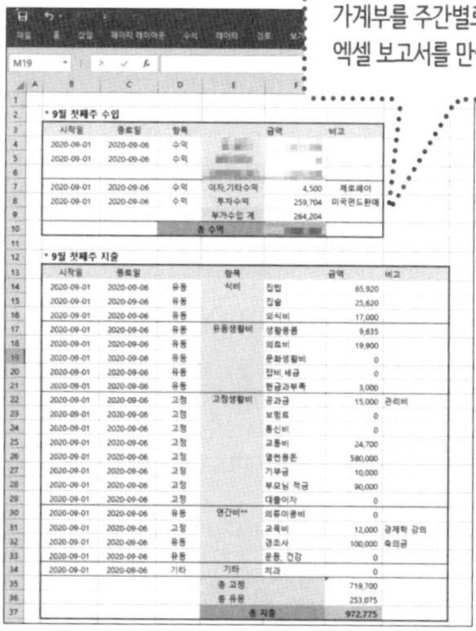

* 9월 첫째주 수입

시작일	종료일	항목		금액	비고
2020-09-01	2020-09-06	수익	[illegible]	[illegible]	
2020-09-01	2020-09-06	수익	[illegible]	[illegible]	
			[illegible]	[illegible]	
2020-09-01	2020-09-06	수익	이자,기타수익	4,500	제로페이
2020-09-01	2020-09-06	수익	투자수익	259,704	미국펀드환매
			부가수입 계	264,204	
		총 수익		[illegible]	

* 9월 첫째주 지출

시작일	종료일		항목		금액	비고
2020-09-01	2020-09-06	유동	식비	집밥	65,920	
2020-09-01	2020-09-06	유동		집술	25,620	
2020-09-01	2020-09-06	유동		외식비	17,000	
2020-09-01	2020-09-06	유동	유동생활비	생활용품	9,635	
2020-09-01	2020-09-06	유동		의료비	19,900	
2020-09-01	2020-09-06	유동		문화생활비	0	
2020-09-01	2020-09-06	유동		잡비,세금	0	
2020-09-01	2020-09-06	유동		현금과부족	3,000	
2020-09-01	2020-09-06	고정	고정생활비	공과금	15,000	관리비
2020-09-01	2020-09-06	고정		보험료	0	
2020-09-01	2020-09-06	고정		통신비	0	
2020-09-01	2020-09-06	고정		교통비	24,700	
2020-09-01	2020-09-06	고정		열쩐용돈	580,000	
2020-09-01	2020-09-06	고정		기부금	10,000	
2020-09-01	2020-09-06	고정		부모님 적금	90,000	
2020-09-01	2020-09-06	고정		대출이자	0	
2020-09-01	2020-09-06	유동	연간비**	의류미용비	0	
2020-09-01	2020-09-06	고정		교육비	12,000	경제학 강의
2020-09-01	2020-09-06	유동		경조사	100,000	축의금
2020-09-01	2020-09-06	유동		운동, 건강	0	
2020-09-01	2020-09-06	기타	기타	치과	0	
			총 고정		719,700	
			총 유동		253,075	
			총 지출		972,775	

▲ **엑셀 보고서**

결혼 후 돈을 공동으로 관리하게 되면 가계 사정을 투명하게 공유하는 것이 특히 중요합니다. 저는 일주일마다 수입지출 내역을 정리해 보고서를 작성하고, 후잉 가계부의 ID와 패스워드를 공유하여 언제든 남편이 확인할 수 있게 했습니다.

결혼 후 1년, 드디어 가계부에 '1억' 등장!

이러한 관리를 통해 결혼 후 1년 만에 1억 4천 모으기에 성공했습니다. 혼자만의 힘으로 달성한 건 아니었지만, 그래도 가계부에 1억이 찍히니 그렇게 좋을 수가 없더라고요. 또 하나 좋은 소식은, 올해 6월 드디어 서울 모지역의 아파트 청약에 당첨되었다는 것입니다.

꾸준히 들은 부동산 강의를 통해 청약은 100% 운이 아니라 전략이 중요하다는 걸 알게 되었어요. 그래서 선호 평형보다는 비인기 평형, 판상형보다는 타워형, 인프라가 갖춰진 곳보다는 아직 미진하지만 교통, 상권 등의 개발호재로 미래가치가 있는 곳을 집중적으로 공략했습니다. 청약에 여러 번 탈락했지만, 드디어 서울 신축 아파트에 입주하게 되었습니다.

청약에 성공한 덕분에 1억 중반이었던 저희 부부의 자산 가치는 대출을 제외하고도 4억 이상이 되었습니다. 종잣돈을 모으면서 힘들게 꾸준히 재테크 강의까지 들었던 노력이 쌓여 이렇게 큰 선물이 되어 돌아왔네요.

▲ 아파트 분양 정보를 알려주는 '분양 알리미'

투자 그릇을 만들어준 것은 결국 자기계발!

제가 4억을 모을 수 있었던 가장 큰 원동력은 자기계발이었다고 생각합니다. 주식과 투자를 권하는 요즘 같은 사회 분위기에서는 어쩌면 조금은 낯선 말일 수 있어요. 그러나 자기계발은 저에게 공부하는 습관을 갖게 해주었습니다.

매주 주말, 도서관에 방문해서 필요한 공부를 하고 책을 읽는 것은 저의 취미생활 중 하나가 되었어요. 재테크, 투자, 영어, 업무 등 하고 싶은 공부를 하면서 성취감을 느끼는 것은 지식을 쌓아가는 동시에 저의 자존감을 높여주는 일이기도 합니다. 자기계발을 통해 저는 공부의 즐거움을 알게 되었고 평생 함께할 취미 또한 찾았습니다.

그리고 원격대학을 졸업한 후로 저에 대한 주위의 평가 또한 더 긍정적으로 바뀌었음을 느낍니다. 새로운 것을 두려워하지 않고 도전하는 사람, 주위에 좋은 영향을 미치는 사람이라고 칭찬해 주시고, 격려해 주시더라고요.

만약, 투자와 자기계발 사이에서 고민하고 있다면, 우선 본인의 상황을 객관적으로 보는 것이 필요한 것 같습니다. 현재 연봉, 미래의 예상 연봉, 일할 수 있는 기간(급여를 수령할 수 있는 기간), 필요한 투자금의 수준 등을 고려하면 지금 자신에게 필요한 것이 투자인지, 자기계발인지 알 수 있게 됩니다. 지금 하지 않으면 투자 기회를 놓칠 것 같아 조급한 마음이 생길 수도 있지만 언젠가 투자하기 좋은 기회는 다시 오게 마련입니다. 저는 투자하지 않는 것보다 더 위험한 것은 준비되지 않은 투자라고 생각합니다.

또, 자기계발을 하는 중에도 절약과 재테크의 끈을 놓지 않는 것도 중요한 것 같아요. 저는 원격대학에 다니던 기간에도 매일 가계부를 쓰고, 틈틈이 재테크 카페에 들어가 게시글을 읽곤 했는데 공부하기 힘들 때나 방향을 잃었을 때 꿈을 위해 열심히 사는 다른 회원님들의 글들은 든든한 힘과 동기부여가 되었습니다. 저도 이젠 작은 도움이 되었으면 좋겠어요.

루체아님과 고몽니님의 학자금대출 상환 이야기

1 | 취업 2년 만에 학자금대출 2,400만원 상환

월재연 카페의 **루체아님**은 30대 초반의 직장인입니다. 대학생 때 학자금대출을 이용했고, 8학기 동안 2,400만원을 대출받았다고 해요. 대학교를 다니면서 평일에는 영어교실 공부방에서 아르바이트를 하고, 주말에는 일식집에서 홀서빙을 하면서 차근차근 돈을 모았습니다.

그러나 아무리 열심히 해도 아르바이트로는 대출을 완제하기가 어렵죠. 루체아님은 대학교 졸업 후 바로 취업을 해서 월급 150만원을 받으며 사회생활을 시작했습니다. 재테크 목표를 학자금대출 완제로 잡고, 생활비는 교통비와 식대 외에 최소 금액만 쓰며 월급의 90%를 대출금 상환에 사용했다고 합니다. 그렇게 취업한 지 채 2년이 되지 않아서 대출금 2,400만원을 모두 상환할 수 있었다고 해요.

루체아님은 종잣돈 모으기보다 대출금 상환에 우선순위를 두었고, 목표가 생기니 자연스레 지출이 줄었다고 해요. 막막해 보이는 대출금! 꾸준함만 있으면 별다른 재테크 방법 없이 완제할 수 있어요!

2 | 내일채움공제로 학자금대출 완제

월재연 카페의 **고몽니님**도 등록금을 제외하고 전액 학자금대출을 받으셨다고 해요. 학교에 다니면서 알바도 꾸준히 하고 교내 근로장학생으로도 일하며 조금씩 갚긴 했지만 여전히 상환의 벽은 높았다고 합니다.

그러다 어머니의 추천으로 집 근처 고용지원센터에서 취업성공패키지를 하면서 내일채움공제를 하게 되었다고 합니다. 내일채움공제는 **중소·중견기업에 취업한 근로자가 2년간 300만원을 모으면, 정부와 기업에서 나머지를 지원해 줘서 2년 뒤에 1,600만원을 만들어주는 적금** 같은 제도예요.

고몽니님은 내일채움공제 만기금이 들어오자마자 학자금대출을 전액 상환했습니다.

학자금대출 잔액(등록금+생활비)

대출원금 : 23,492,000원
상환액 : 23,492,000원(상환율 : 100%)
대출잔액 : 0원(원금기준)

▲ '고몽니'님의 학자금대출 완제 기록

청년이 중소 중견기업에서 2년 또는 3년 정규직 근무시 목돈마련
청년내일채움공제 더 알아보기
지금 바로 신청하세요! 청년 〉 기업 〉

청년내일
채움공제

재테크 목표를 잡을 때 우선순위를 어디에 두느냐는 사람마다 다르죠. 그러나 빚이 있는 상태로 시작하면 쉽지 않을 거예요. 종잣돈을 모으기 전에 학자금대출부터 상환한 후 시작하는 것은 어떨까요?

스물여덟에
1억 모았어요

: 은잔디 :

월급 170만원으로 시작한 사회생활

어릴 때부터 돈 때문에 하고 싶은 걸 포기하거나 해보지 못한 것이 많다는 아쉬움에 하루빨리 경제적으로 독립하고 싶다는 생각이 컸습니다. 그래서 대학교를 다니는 동안 쉬지 않고 과외와 아르바이트를 했고, 공부하면서 월평균 150만원씩은 꾸준히 벌었습니다. 그렇게 4년 동안 모은 돈이 1천만원이었습니다.

4년 동안 1천만원을 모았으니 단순히 생각했을 때 1억을 모으려면 40년이 걸린다는 계산이 나왔습니다. 또한 아르바이트로 번 돈이 월 150만원 정도였기에 취업을 하면 300만원은 벌 줄 알았는데 실제로 받은 월급은 170만원 정도였어요.

이대론 안 되겠다는 생각이 들었습니다. 그래서 재테크 관련 책과 수기를 셀 수 없이 많이 읽었고 그들과 닮아가고자 노력했습니다. 제가 금수저가 아닌 이상, 특출한 재능이 없는 이상, 부지런히 모으고 불리는 재테크를 꾸준히 해야겠다고 생각했으니까요.

공부한 것은 아는 데 그치지 않고 실천했습니다. 더불어 꾸준히 부수입을 낼 수 있는 방법들을 찾아보며 자기계발에 들이는 노력을 아끼지 않았고 자유시간을 줄여가며 살았습니다. 밤낮없이, 주말 없이 노력하다 보니 종잣돈이 모이는 게 눈에 보이기 시작했습니다.

1천만원을 4년 동안 모았으니 1억은 40년? 재테크! 결심했어!

20대에 어떻게 1억을 모았냐면요…

저의 첫 번째 목표는 1억 모으기였습니다. 그러나 1년에 1천만원씩, 1억을 모으려면 10년의 시간이 걸리더군요. 성격이 급한 저는 지치기 전에 조금이라도 빨리 첫 번째 목표를 달성하고 싶어 학창 시절에 공부하듯이 돈을 연구했습니다. 그러면서 한정적인 월급 안에서는 아무리 아껴도 한계가 있다는 것을 깨닫고, 스펙업을 하려고 노력하는 동시에 부수입을 만들기 위해 노력했습니다.

그 결과 생각보다 빠른 스물여덟에 1억을 모을 수 있었습니다. 제가 1억을 모으기까지 지켜낸 기본 원칙은 다음 4가지입니다.

✦1억 모으기 4가지 원칙✦
① 선저축 후지출(선 70% 저축, 후 30% 지출)
② 가계부 작성 및 결산
③ 자기계발, 부수입 창출
④ ①~③의 꾸준한 실천

매해 다이어트를 결심하는 사람은 많지만 실제로 성공하는 사람은 많지 않잖아요. '적게 먹고 많이 움직이면 살이 빠진다'라는 방법을 몰라서가 아니라 알아도 꾸준히 실천하지 않아서 실패하는 거라 생각합니다.

재테크 역시 '버는 것보다 덜 쓰면 돈이 모인다'라는 단순한 방법을 몰라서 못하는 사람은 없을 거예요. 그만큼 아는 것을 실천하는 것이 쉽지 않습니다. 그러나 그 쉽지 않은 일을 포기하지 않고 꾸준히 하는 사람에게는 결국 웃을 날이 올 거라 생각합니다.

우리 가족 재테크 ① 미국주식

자녀교육 & 증여 용도

결혼 후 2년 반이 지난 지금, 21개월인 첫째와 태어난 지 이제 열흘 넘은 꼬물꼬물 둘째까지, 가족이 네 명으로 늘어났습니다. 신기하기도 하고 여전히 실감이 나지 않기도 합니다. 인생의 모든 것이 그렇겠지만 육아 역시 매순간 선택의 연속입니다. 그 선택에 있어서 '돈'은 빼놓을 수 없는 중요한 잣대가 되기도 합니다.

사람마다 가치관이나 우선순위에 따라 차이가 있겠지만, 저희 부부는 아이들을 돈보다는 시간과 정성으로 돌보려고 노력하고 있습니다. 물론 돈걱정 없이 육아할 수 있는 넉넉한 형편이라면 더할 나위 없이 좋겠죠. 하지만 저희는 현실적으로 그럴 수 없기에 시간과 정성을 우선순위에 두었어요.

또한, 육아나 교육에서는 존 리처럼 사교육비를 모아 주식을 사주는 것이 더 유익하다고 생각해서 미성년자 증여한도를 채워 증여해 주고 미국주식에 투자 중입니다. 훗날 부모가 아닌 주식 배당금이 아이의 용돈이자 든든한 지원군이 되어줄 거라 생각합니다.

흔히 '증여'라고 하면 재벌가의 상속을 떠올리며 있는 집 이야기라고 생각하죠. 하지만 요즘은 저희처럼 평범한 사람들 중에서도 아이가 어릴 때부터 미성년자 증여를 실행하는 부모가 많아지고 있어요.

처음 증여에 관심을 가지게 된 건, 아이 이름으로 정기적으로 들어오는 양육수당과 아동수당, 그리고 친척들이 때때로 쥐어주는 용돈 등이 흔적도 없이 사라지는 걸 자각했기 때문이에요. 아이 앞으로 들어온 돈은 아이 이름으로 남겨줘야겠다고 생각했습니다. 다시 말해, 현재 저희 부부가 여윳돈이 많아서 증여를 한 게 아니라 돈에 이름을 붙여 서로 섞이지 않고 목적에 맞게 유지할 수 있도록 하기 위해서 한 선택입니다. 또 그 돈을 장기적으로 투자하면 예적금보다 많은 수익을 낼 수 있다는 것도 큰 장점입니다.

✦ 아이를 위한 증여 프로젝트 ✦

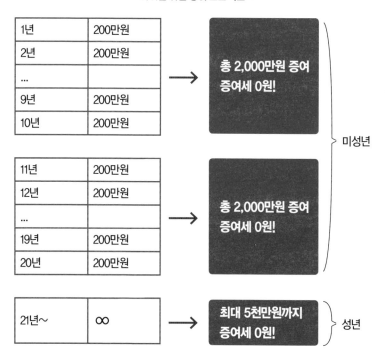

1년	200만원
2년	200만원
...	
9년	200만원
10년	200만원

→ 총 2,000만원 증여 증여세 0원!

11년	200만원
12년	200만원
...	
19년	200만원
20년	200만원

→ 총 2,000만원 증여 증여세 0원!

미성년

21년~	∞

→ 최대 5천만원까지 증여세 0원!

성년

세법상 미성년자에게는 10년에 2천만원까지 증여세 없이 증여할 수 있습니다(만 19세 이상 성인은 10년간 5천만원까지 비과세). 막연히 2천만 원이라고 하면 큰돈처럼 보이지만 1년에 200만원입니다. 아이가 받는 정부 수당이나 친척들의 용돈, 세뱃돈 등을 야무지게 모으면 충분히 만들 수 있는 돈이에요. 합법적으로 10년에 한 번씩 비과세 증여의 기회가 주어지기 때문에 아기가 1살일 때 2천만원을 증여했다면 11살 때 2천만원, 21살 때 5천만원을 증여해서 성인이 될 때까지 총 1억에 가까운 자산을 합법적으로 증여할 수 있습니다. 그것도 세금 없이요!

아이와 함께 성장하는 배당주! 덤으로 경제교육까지

첫째 아이에게는 어린이날 10년치 어린이날 선물이라는 이름으로 증여를 진행했어요. 며칠 전 태어난 둘째 역시 크리스마스 때 10년치 산타클로스 할아버지 선물로 증여를 할 생각입니다. 아이들에게 투자할 수 있는 종잣돈을 일찌감치 마련해 주는 것이죠. 첫째 아이의 경우 2천만원 현금을 증여한 후, 그 돈으로 미국주식 투자를 하고 있습니다. 예적금은 투자라기보단 현상유지에 가깝고 물가상승률보다 낮은 금리로 인해 오히려 원금 손실이 있다고 판단해 배제했어요.

투자 종목은 아이들과 함께 성장해 나갈 성장주, 꾸준히 배당을 주는 배당주*를 적절히 섞어 매수하고 있습니다. 그리고 가끔 계좌를 열어 수익률과 배당금을 확인하는 정도로만 관리하고 있어요. 국

세청 홈택스를 통해 이미 증여신고를 마친 상태이기 때문에 이후 투자를 통해 발생하는 수익이나 배당금에 대해서는 추가로 내야 하는 세금이 없습니다.

미국주식은 안정적으로 우상향하고 있고, 주주친화적인 기업들이 많다는 게 큰 메리트입니다. 무엇보다도 1년에 한두 번 배당하는 국내주식과 다르게 분기별, 혹은 월별로 배당을 한다는 게 아주 매력적으로 느껴졌어요. 아이들이 중고등학생이 됐을 때에는 엄마, 아빠가 아닌 미국주식이 아이들에게 용돈을 줄 수 있는 시스템이 구축되길 바라고 있어요. 더불어 아이들에게 살아 있는 경제교육이 될 거라 생각해요. 비록 새 장난감, 새 옷을 척척 사주지는 못하지만, 아이들이 성인이 되었을 때 든든한 버팀목이 되어줄 수 있을 거예요.

우리 가족 재테크 ② 셰어하우스

월세 수입으로 신혼여행까지!

저는 서른둘에 경제적 가치관뿐만 아니라 인생관까지 비슷한 사람을 만나 결혼하게 되었습니다. 저와 남편은 연애 때부터 함께 재

★ 주식투자로 얻을 수 있는 수익에는 시세차익과 배당수익이 있다. 시세차익은 다른 누군가에게 비싸게 팔아 차익을 남기는 수익이고 배당수익은 매년 회사가 벌어들인 이익을 주주들 통장에 정기적으로 입금해 주는 분배금이다. (자세한 사항은 《미국 배당주 투자지도》 34쪽 참고.)

테크 책을 읽고, 모델하우스 데이트를 했습니다. 연애 3개월차부터 는 함께 셰어하우스를 운영해, 여기서 얻은 월세 수익으로 신혼여행 을 다녀왔답니다.

저희 커플은 평범한 월급쟁이였어요. 둘 다 재테크에 관심이 있 었기에 안정적인 부수입 파이프라인을 만드는 것에 관심이 많았습 니다. 그러던 중 재건축 이슈로 저렴하게 나온 구옥 주택이 있어서 남자친구와 반씩 투자해서 전세계약을 맺었습니다. 그리고 셰어하 우스를 운영해 보기로 결심했어요. 사실 반쯤 충동적으로 시작한 일 이었는데 결과적으로 지난 4년 동안 무리 없이 잘 운영했고 투자금 이었던 전세보증금을 전부 회수했습니다. 계산해 보니 연간 15% 이 상의 수익을 얻었네요.

저희가 계약한 집은 10년 넘게 재개발 이야기가 무성하던 서울 용산구 한남동의 구옥 주택이었어요. 방 4개에 화장실이 2개고 교통 이 편리한 편이라 셰어하우스로 운영하기에 나쁘지 않은 조건이었 어요. 비록 집은 낡았지만 주변보다 저렴하다는 이점이 있어 충분히 승산이 있을 거란 확신이 들었습니다.

집주인 아주머니는 투자 목적으로 20년 전 이곳을 매수해 재개발 만 기다리는 중이기 때문에 셰어하우스로 운영하거나 집을 나눠 쓰 며 월세를 받는 것은 상관이 없다고 했습니다. 사실 저희는 이 점을 활용했어요. 재개발을 앞둔 지역이라 주변보다 세가 많이 저렴했거든요. 그 덕분에 5천만원에 전세계약을 할 수 있었죠(말로는 재개발이 임박하다고 했지만 4년이 지난 지금도 여전히 재개발에 착수하지 못하고 있어요). 물론 미리 등기부등본을 열람해 집을 담보로 한 대출이 전혀 없다는 것을 확인했고 전입신고, 확정일자 등을 꼼꼼하게 챙겼습니다.

매월 100만원 정도의 월세 수입을 벌어준 셰어하우스!

4개월 만에 투지금 회수,
4년 동안 공실 없이 운영 중!

셰어하우스에 꼭 필요한 가전, 가구를 구매하고 오랫동안 손길이 닿지 않아 낡고 지저분하고 고장난 곳을 고치면서 입주자를 맞이할 준비를 했습니다. 냉장고, 세탁기, 에어컨, 침대, 책상, 소파를 구입하고 보일러 수리를 하는 데 350만원 정도의 비용이 들었어요.

그동안 저희는 서울의 셰어하우스가 대부분 다인실인데다 1인실은 무척 비좁음에도 월세가 비싸다는 것에 불만이 있었어요. 그래서 수익률보다는 입주자와 임대인이 서로 윈-윈할 수 있도록 적정한 인

원과 월세를 유지하기로 마음먹었어요. 무조건 1인 1실로요. 저희 셰어하우스는 투룸이 2개인 특이한 구조였기 때문에 최대 3~4명까지만 입주를 받아 매월 100만원 정도 월세가 들어왔습니다.

먼 훗날 건물주가 되었을 때 좋은 임대인이 될 수 있도록 미리 연습한다는 행복한 상상을 하며, 크리스마스나 명절 때는 기프티콘이나 선물을 보내 입주자들과 좋은 관계를 유지하려고 노력했습니다. 물론 낡은 주택이다 보니 자잘한 수리 말고도 누수나 보일러 고장 등 큰돈이 나갈 때도 있었고, 인터넷 사용비나 입주자 선물 등의 기타 비용들이 들긴 했어요. 그러나 이런 비용을 제외하고도 월 80만원 정도는 꾸준히 수익이 났습니다. 그래서 첫 3~4개월 만에 초기 투자 비용을 회수했고, 5개월차부터는 순수익이 났습니다. 또한 입주자들과 좋은 관계를 유지한 덕분에 입주자들이 알아서 친구나 지인을 소개해 주기도 해 4년 동안 공실 없이 잘 운영되었어요.

▲ '은잔디'님의 뉴질랜드 신혼여행

그렇게 결혼 전에 1년 정도 셰어하우스를 운영해서 얻은 수익으로 뉴질랜드로 신혼여행을 다녀왔고, 남은 돈은 가전제품 구매 비용으로 사용했습니다. 이 경험이 바탕이 되어서 지금은 셰어하우스 2호점도 운영 중이에요. 현재 셰어하우스는 우리 가족의 든든한 부수입이 되어주고 있습니다.

토끼는 토끼의 인생을, 거북이는 거북이의 인생을!

주변에 대박이 나서 갑자기 부자가 되었다는 지인의 이야기를 들으면 나와 비교가 되면서 '어차피 모아봤자 푼돈', '티끌 모아 티끌'이라는 생각이 드는 게 사실입니다. 이솝우화 〈토끼와 거북이〉를 예로 들어볼까요?

과거엔 '토끼'에 해당하는 금수저, 은수저들이 자신이 가진 것을 흥청망청 쓰고 관리 못하는 사람들로 그려졌다면, 이제는 반대로 그 토끼들이 자신의 여유로운 기반과 주위의 뒷받침을 이용해 더 야무지고 쉽게 부자가 되는 모습을 심심찮게 볼 수 있습니다. 이런 사람들을 보면 부의 세습이라는 것이 단순히 두둑한 통장이나 부동산을 물려받는 것이 아니라 부자의 습관, 사고방식, DNA까지 물려받는 것 같다는 생각이 들어요.

하지만 거북이처럼 묵묵히 노력하는 꾸준함을 토끼가 이길 수는 없다고 생각해요. 내 태생이 거북이라 할지라도 포기하기보단 긍정적이고 유연한 마음가짐을 갖는 것이 중요합니다. 내가 아무리 느릿느릿 거북이라 할지라도 꾸준히 노력해서 얻은 결과는 사라지지 않고, 실패의 경험을 통해 어떤 어려움이든 극복할 수 있는 회복탄력성을 가지게 되니까요.

토끼는 토끼의 인생을, 거북이는 거북이의 인생을! 각자의 인생을 자기 자리에서 열심히 살면 되는 거 아닐까요? 남과 비교하기 시작하면 결국 '나'는 사라지고 없습니다. 재테크라고 해서 거창하게 생각하지 말고 소소한 것부터 시작하세요.

1천만원 모을 때마다 인증글을 올리는 시나길님

시나길님은 1천만원을 달성할 때마다 월재연에 인증글을 올리고 있어요. 지난 3월에 1천만원, 다시 6개월 만에 1천만원을 모아 2020년 9월 기준 자산 3천만원을 달성하셨답니다. 직장인이 된 지 1년 9개월 만에 이뤄낸 결과입니다. 시나길님은 투자나 앱테크, 서브잡을 하지 않고 순수하게 월급으로만 3천만원을 모았다고 해요.

비법은 바로 소비 전 저축! 청약 10만원, 적금 165만원씩 매달 목표금액 175만원을 꼬박꼬박 저축하고 있답니다.

부자가 되는 가장 기본적인 재테크 방법은 바로 절약과 저축을 하는 거예요. 주식과 투자는 목돈을 만든 후 실천할 수 있는 방법이죠. 돈을 불리기 전에 절약과 저축으로 푼돈을 목돈으로 만들어보는 건 어떨까요?

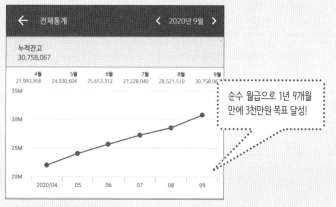

▲ '시나길'님의 6개월 자산 흐름

두 아이 키우며 2억 모으기

: 세주맘 :

첫 1억은 36개월, 다음 1억은 22개월 걸렸어요

이제 곧 결혼한 지 5년차 되는 주부입니다. 그동안 아이 둘을 낳아 기르면서 2억을 모았어요. 첫 1억은 3년 만에 달성했고, 또다시 1억을 모으는 데는 2년이 걸리지 않았네요. 1억을 모으고 다시 1억을 모으는 데는 힘이 덜 든다고 하던데, 정말 그랬던 거 같아요.

2016년, 처음 1억을 모을 때에는 결혼준비자금에서 남은 금액, 저와 남편이 결혼 전에 들었던 변액보험을 해지하고 받은 돈, 한 명의 청약을 해지한 돈 등 총 3천만원을 포함해서 모았습니다. 매달 100만원씩 저축했고 2017년 하반기부터는 일을 시작해서 번 돈을 모두 저축했어요. 그렇게 1억을 모으는 데 36개월이 걸렸어요.

저는 결혼하자마자 첫아이를 임신했고, 또 인문계열 박사과정 중이었기에 돈을 거의 벌지 못했어요. '결혼해서 아이를 낳으면 돈을 못 모은다'라는 말이 있잖아요. 안 그래도 어려운데 아이를 낳으면 더 어려워질까봐 걱정이 되었습니다. 그때부터 재테크에 관심을 가지기 시작했고, 좀 더 빠르게 1억을 모을 수 있었습니다.

두 번째로 모은 1억은 순수하게 번 돈에서 매달 저축해 차근차근 모은 거라 저에게는 의미가 더 깊네요.

✦세주맘님의 자산 흐름✦

2016년 1월	결혼		
2월	결혼준비자금과 변액보험 해지	3천만원	36개월
2017년 12월	박사과정 수료, 수입 증가	6천만원	
2018년 12월		**1억 달성**	
2019년 11월		1억 5천만원	22개월
12월	청약 당첨		
2020년 10월		**2억 달성**	

목표는 구체적이고 명확하게!
첫 목표는 '3년간 1억 모으기'

처음에는 절약과 저축에 집중했어요. 특히 목표를 구체적으로 세우고 돈을 모으기 위해서 노력했습니다.

결혼을 하고 처음 세운 목표는 '1억 모으기'였습니다. 내 집 마련을 꿈꾸면서 청약과 매매를 알아보았는데, 계약금이 적게는 6천에서 많게는 1억 정도 있어야겠더라고요. 그래서 목표는 1억, 기간은 3년으로 정했습니다.

1억 중에서 변액보험 해지한 돈과 결혼준비자금에서 남은 금액 등 3천만원을 빼면 약 7천만원입니다. 7천을 36개월로 나누면 약 195만원 정도 되죠. 그래서 처음에는 매달 195만원을 모아보자는 마음으로 절약을 시작했습니다.

고정지출과 변동지출을 150만원으로 정하고, 나머지는 무조건 저축을 했어요. 물론 처음부터 매달 195만원을 모으는 것은 불가능했습니다. 첫 저축액은 절반 가량인 100만원이었어요. 지출이 아무리 많은 달에도 100만원 이상은 모으려고 노력했습니다. 적응이 되자 월 100만원 이상 저축하는 건 어렵지 않았어요.

박사과정을 수료한 이후에는 학생들을 가르치면서 수입이 늘어 매달 저축액을 더 늘렸습니다. 그렇게 3년 동안 1억을 모았고, 그 다음에는 목표를 상향해서 '2년 동안 1억, 매달 400만원 저축'을 목표로 세웠습니다.

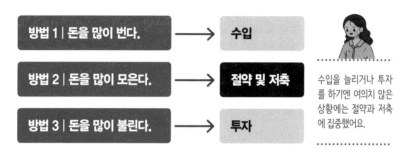

✦ 부자가 되는 3가지 방법 ✦

방법 1	돈을 많이 번다.	→ 수입
방법 2	돈을 많이 모은다.	→ 절약 및 저축
방법 3	돈을 많이 불린다.	→ 투자

수입을 늘리거나 투자를 하기엔 여의치 않은 상황에는 절약과 저축에 집중했어요.

수입이 늘어나도 지출비용은 월 150만원으로 고정

수입이 늘어나니 처음 다짐했던 마음이 느슨해지는 게 느껴졌습니다. 또 아이가 크면서 지출이 더 늘기 시작했어요. 그래서 매달 지출비용을 150만원으로 고정하는 게 좋겠다고 생각했습니다. 그때부터 돈의 흐름을 정확하게 파악하기 위해 남편과 돈을 합치고 재산 장부를 작성하기 시작했어요.

전에는 남편이 고정지출액을 제외한 나머지 금액을 송금했는데, 천원이라도 새어나가는 돈이 없도록 하기 위해서 아예 공인인증서를 넘겨달라고 했습니다. 자산을 대략적으로 파악하다가 이때부터 구체적으로 파악할 수 있게 된 거죠. 재산 장부를 쓰면서 숨어 있던 돈도 찾을 수 있었고 중복으로 지출되는 부분을 막고 새어나가는 돈도 줄일 수 있었습니다.

이렇게 매달 지출비용을 고정한 후 나머지 수입은 모두 저축했습니다. 전에는 목돈이 들어오면 무엇을 살지, 어디를 갈지 고민했는데 150만원 이외에 나머지 돈들은 모두 없는 돈이라 생각하고 전부 저축했어요.

그리고 이때부터는 150만원을 쓰는 방법을 바꿔야만 했습니다. 2인이 150만원을 지출하는 것과 아이들을 포함한 4인 가족의 생활비 150만원은 다르잖아요. 그래서 지출하는 돈도 보다 똑똑하게, 효율적으로 사용하기 위해 세심하게 관리하기 시작합니다.

우선 고정지출과 변동지출의 예산을 150만원으로 정했습니다. 그리고 각종 할인으로 최대한 지출방어를 하면서 그 달의 고정지출을 점검했어요. 하지만 고정지출은 이미 많이 줄여놓은 상태였어요. 가장 중요한 건 변동지출 관리였습니다.

저희 가족은 변동지출 중에서 식비, 육아비, 생활비가 가장 큰 비중을 차지하고 있었어요. 먼저 육아비를 절약한 경험부터 얘기해 볼게요.

임신·출산·육아비용 절약 경험담 5가지

돈을 모으는 가장 쉬운 방법은 지출을 줄이는 거죠. 아이를 생각하면 남부럽지 않게 다 해주고 싶은 게 부모 마음이지만, 저는 어릴 때 돈을 쓰는 것보다 커서 본인이 하고 싶은 게 생겼을 때 지원을 해

주고 싶어서 임신·출산·육아에 큰돈을 쓰지 않았습니다. 정말 필요한 것들만 샀어요.

1 | 임산부 혜택 최대한 활용하기

임신하면 혜택이 굉장히 많다는 거 알고 계신가요? 저는 임산부, 아이들에게 주는 정부 혜택과 지자체에서 주는 출산축하비용, 자녀들을 위한 적금 가입 등 활용할 수 있는 것은 최대한 활용했어요.

✦정부와 지자체 임산부 지원 혜택✦

종류	목적	지원 내용
영양플러스	임산부 및 영유아 중 영양위험요인을 가진 대상자에게 영양위험요인 개선 및 스스로의 식생활 관리 능력을 배양하여 건강증진을 도모	영양평가를 통해 영양위험요인이 발견된 대상자에게 영양교육·상담 실시(월 1회 이상) 및 보충식품패키지(6종) 제공
전동유축기 대여사업	모유수유에 어려움이 있는 출산부에게 모유수유의 중요성 및 장점을 알리고 모자건강을 증진시킴	전동유축기 대여
기저귀· 조제분유 지원사업	저소득층 영아(0~24개월) 가정의 육아 필수재인 기저귀 및 조제분유 지원을 통해 경제적 부담 경감 및 아이 낳기 좋은 환경을 조성	기저귀 및 조제분유 구매 비용을 행복카드 바우처 포인트로 지급

보건소에서 운영하는 보건사업인 '영양플러스' 대상자로 선정되어 식비를 절약했고, 제가 살고 있는 구에서 실시하는 '모유수유 전동유축기 대여사업'을 통해 유축기 구매 비용을 아낄 수 있었어요. 정부에서 하는 '저소득층 기저귀·조제분유 지원사업'을 통해서 기저귀 값도 절약했고요.

정부와 지자체에서 제공하는 임산부 혜택을 이용하는 것도 방법!

▲ 영양플러스   ▲ 기저귀·조제분유 지원사업

2 | 국민행복카드 60만원으로 출산비용 해결하기

정부에서는 '국민행복카드'로 임신과 출산에 필요한 진료비 일부를 임산부에게 지원하고 있어요. 임신 1회당 60만원까지 지원합니다.

저는 출산까지 필요한 것들을 60만원 안에서 다 해결하려고 했어요. 임신테스트기를 확인하고 곧바로 병원에 가면 심장 소리를 듣지 못할 수 있어요. 그래서 5주로 예상되는 시기에 첫 방문을 했습니다. 안정기에 접어들면 4주에 한 번씩 병원에서 진료를 봐야 하는데 저는 5주에 한 번 갔어요.

　임신 중 돈이 크게 드는 부분이 산전검사, 산후검사, 입체정밀초음파 검사입니다. 저는 산전검사는 보건소에서 했고, 입체정밀초음파는 선택사항이기에 생략했습니다. 임신하고 갑상선 저하증이 생겨 내과비용을 부담하고 A형간염 주사를 맞았는데도 바우처에서 6,800원을 남기고 출산할 수 있었어요.

✦ 국민행복카드 지원 내역 ✦

종류	지원 자격	지원 내용
건강보험 임신·출산 진료비	임신확인서로 임신이 확진된 건강보험 가입자 또는 피부양자 중 임신·출산 진료비 지원 신청자	임신 1회당 60만원 이용권 지원 ※ 다태아 임신부는 100만원 지원 ※ 분만 취약자 20만원 추가
산모·신생아 건강관리	• 산모 또는 배우자가 생계·의료·주거·교육급여 수급자 또는 차상위 계층에 해당하는 출산가정 • 산모 및 배우자의 건강보험료 본인부담금 합산액이 기준 중위소득 80% 이하 금액에 해당하는 출산가정	출산가정에 출산일＋60일까지 산후조리 가정방문서비스 이용권 지급 ※ 단태아 기준 최대 60만원까지
기저귀· 조제분유	• 중위소득 40% (최저생계비 100%) 이하 • 저소득층 영아(0~24개월) 가구	• 기저귀 : 월 6만 4천원 • 기저귀＋조제분유 : 월 15만원

출산비용 지원은 다른 바우처
사업들과 함께 진행하고 있
으니 확인은 필수!
국가 바우처 사업은 왼쪽 표
참고!

▲ 출처 : 국민행복카드 홈페이지(http://www.voucher.go.kr)

3 │ 산모교실, 지인 찬스, 맘카페 활용으로 실지출 줄이기

다른 아이들은 유용하게 잘 쓰는 육아용품이라 해도 내 아이는
안 쓸 수 있어요. 그래서 저는 출산 전에 기본적인 육아용품만 준비
했고, 지인 찬스를 이용해 물려받을 수 있는 것은 모두 물려받았어
요. 그외 필요한 것들은 아이 출산 후에 그때그때 구매했고, 최대한
실지출을 줄일 수 있는 방법들을 이용했습니다.

한 가지 방법으로, 여러 업체에서 진행하는 산모교실이 많은데,
참석만 해도 물티슈, 기저귀 샘플, 비누, 아기 손톱깎이, 이유식 스
푼, 우유컵홀더 등을 받을 수 있어요. 그리고 산모교실 프로그램이
나 게임, 경품행사에 참여하여 작게는 딸랑이세트에서 크게는 유모

차나 카시트까지 받을 수 있습니다. 저는 경품 운은 없어서 큰 상품을 받은 건 없었지만, 물티슈는 많이 받아서 첫째 아이 키울 때 돌 무렵까지 물티슈는 사지 않아도 되었어요.

유아 관련 홈페이지나 앱의 출석체크는 아직도 꾸준히 하고 있습니다. 맘큐, 뽀로로몰, 손오공이샵, 쁘띠엘린 등에 출석체크를 하면서 적립금을 모으고 있고, 필요한 물건이 생길 때 할인을 받아서 삽니다. 또 맘카페나 중고나라는 필요한 물건을 키워드로 등록해 놨다가 알림이 오면 구매하는 식으로 이용하고 있어요.

▲ 유아 관련 앱들, 출석체크만 해도 할인 OK!

최근에 둘째 아이를 출산했는데 바운서는 산모교실에서 받았고, 분유 포트는 친정집에서 쓰던 온도 유지 티포트로 대체했어요. 모빌은 첫째 아이가 쓰던 것을 사용했고, 젖병소독기는 조카가 쓰던 것으로 준비했어요. 새로 구매해야 했던 젖병은 쁘띠엘린 출석체크로 모은 적립금으로 구매했습니다. 젖병 3개에 42,100원인데 25,500원을

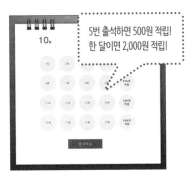

▲ 쁘띠엘린 출석 이벤트

아껴 16,600원에 구매했으니 절반도 안 되는 가격에 구매했네요.

4 | 문화센터와 도서관 프로그램 활용하기

아이가 성장하면서 다양한 자극을 주고 싶어서 문화센터는 등록
해서 다녔어요. 문화센터는 100일 이후부터 돌까지가 적당합니다.
돌이 지난 후에는 주위 아기들이 어린이집을 많이 다녀서 2~3명으
로 수업을 하는 게 다반사거든요. 심지어 저 혼자 참석한 적도 있었
습니다. 또 여름과 겨울에는 이동이 어렵기 때문에 봄과 가을 학기
에 주로 이용했어요.

돌 이후에는 문화센터 개강 전에 열리는 1회성 체험 프로그램이
나 도서관에 있는 무료 프로그램을 이용했습니다.

체험, 무료 프로그램도
훌륭해요!

5 | 성장 사진과 동영상은 셀프로

아이가 커가는 것을 기록하고 싶어서 네이버 밴드에 매일 꾸준히 사진을 올리고 있습니다. 그리고 남편이 '맘스다이어리'라는 앱을 통해 매일 육아일기를 쓰는데, 100일 연속으로 쓰고 배송비만 내면 무료로 육아일기를 출판해 주고 있어요. 이렇게 해서 만든 육아일기가 10권입니다.

▲ '맘스다이어리' 앱

무료출판 육아일기

아이의 100일 사진은 백일상과 사진용 소품들을 대여해서 셀프로 해결했고, D-Day 달력을 이용해서 성장 사진을 찍어주었습니다. 돌 사진은 특별하게 찍어주고 싶어서 스튜디오를 알아봤더니 앨범을 포함한 상품이 대부분이더라고요. 발품을 팔아서 앨범 없이 파일만 주는 사진관을 찾았고, 덕분에 세 가지 컨셉의 촬영을 15만원 정도로 해결할 수 있었어요. 돌잔치는 가족끼리 소규모로 진행했고, 돌잔치에 사용한 성장 동영상 역시 셀프로 만들었습니다. 두 돌 사진은 집 근처 스튜디오를 2시간에 4만원에 빌리고 집에 있는 카메라를 가져가서 셀프로 찍었네요.

돌잔치, 돌 사진도 알뜰하게 셀프 촬영!

부업활동이 제2의 월급 : 앱테크, 카테크, 상테크!

수입이 고정되어 있는 조건에서 절약과 저축만으로 돈을 모으는 건 한계가 있기 마련이죠. 저는 부수입을 늘리기 위해 노력했어요. 월재연에서 하는 앱테크, 설문조사, 이벤트, 카테크, 상테크 등 할 수 있는 것은 다 참여했습니다. 또 올해부터는 머니메이트와 함께 돈을 모아가는 온라인 모임 '돈돈모'에 가입해서 열심히 활동하고 있어요.

2018년부터 월재연에서 알게 된 앱테크를 시작했는데 그해에 약 50만원, 2019년에 약 100만원, 올해는 월 100만원을 달성할 수 있었어요.

2020년	금융소득	앱테크	이벤트	카테크 및 상테크	기타	총합
7월	542,855	101,352	90,450	177,138	1,248,781	2,160,576
8월	119,922	181,071	27,770	104,114	916,560	1,349,437
9월	87,803	103,723	37,620	68,100	503,666	800,912

(단위 : 원)

부수입의 시작은 앱테크!

부수입을 늘리기 위해 가장 먼저 앱테크부터 시작했어요. 앱테크의 기본은 출석체크로, 출석체크를 통해 적립금을 모아서 현금화하거나 기프티콘을 사서 판매를 하는 게 일반적이에요.

다만 앱테크도 조금씩 변화해 이제는 출석체크만으로 부수입을 늘리기는 어렵고, 적립금으로 기프티콘을 살 수 있는 사이트들도 점점 줄고 있어요. 최근엔 출석체크를 하면서 매일 앱에 접속해 배너나 이벤트 항목을 확인해 이벤트에 참여하는 방법으로 부수입을 늘리고 있습니다. 요즘은 간편결제, 포인트전환, 은행 및 증권사 앱에서 이벤트를 많이 하고 있는 추세예요.

앱테크와 이벤트를 통해 부수입을 쌓는 게 익숙해지면서 새로운 부수입원을 만들고 싶다는 생각을 하게 됐어요. 그래서 새롭게 시작한 것이 카테크('카드+재테크' 합성어)와 상테크('상품권+재테크' 합성어)입니다. 가장 간단한 방법은 일정 금액 이상 카드를 사용하고 캐시백을 받는 거예요. 상품권 구매도 실적으로 인정되는 카드를 사용해 카드 혜택을 받았고, 특정 사이트에서 구매하면서 캐시백을 받거나 혹은 카드사 앱에서 미리 할인 정보를 클릭하고 추후에 캐시백을 받는 등의 다양한 방법을 통해 부수입을 쌓았습니다.

절약 및 저축을 하면서 재테크 관련 책이나 영상을 보는 것도 생활화했습니다. 결국은 투자를 해야 한다고 생각해 경험을 쌓기 위해 소액으로 리스크가 적은 투자부터 시작해 보았어요. 적금 및 예금은 기본으로 하면서 목돈은 파킹통장에 넣어놓고 매달 이자를 받았습니다. 또한 ELS, ETF, 공모주 투자 그리고 주식까지 조금씩 영역을 넓혀가며 금융소득을 쌓아가고 있습니다.

▲ 문화상품권을 파는 '컬처랜드'

▲ 포인트를 현금처럼 쓸 수 있는 '머지포인트'

부수입으로 지출액을 절약하고 있어요!

이렇게 모은 부수입으로 재투자를 하고, 남은 금액으로 지역상품권이나 머지포인트, 스마일캐시로 전환할 수 있는 문화상품권 등을 구매해요. 그리고 물건을 구매할 때 부수입으로 구매한 상품권으로 결제하면서 지출액을 줄입니다. 이렇게 고정지출과 변동지출 150만 원을 유지하고 있습니다.

계획대로 내 집 마련 성공! 다음 목표는 저축액 90%!

물론 이렇게 절약하고, 부수입을 만들려고 '노오력'하다 보면 가끔씩 지칠 때가 있어요. 그럴 때면 여행적금에 새로 가입하고, 백화점 문화센터에 방문하고, 재테크 강의에 지출을 하면서 저만의 플렉스를 즐깁니다.

그래도 그동안 노력한 덕분에 내 집 마련에 성공했어요! 처음에 목표로 했던 청약에 당첨돼서 2023년 1월 입주를 기다리고 있습니다. 모은 돈으로 계약금을 냈고, 중도금 1차도 냈습니다. 다음 중도금 2차도 대출 없이 낼 예정이에요. 앞으로도 매달 지출비용 150만 원을 유지하면서 꿈의 저축액인 90%를 달성하고 싶어요.

금융상품권으로 상테크하는 법

상테크라는 말을 들어보셨나요? 상품권과 재테크가 합쳐진 단어로, 상품권으로 재테크를 하는 걸 말해요. 월재연 카페의 **오렌지사과님**은 아래의 방법으로 한 달에 2만원을 벌고 있어요.

❶ 신한 Deep On 체크카드를 발급받습니다. 기본적립+특별적립+해외적립 서비스를 모두 합하면 월 최대 2만 포인트까지 적립되는 카드입니다.

▲ 출처 : 신한카드 홈페이지

전월 이용금액	적립율
30만원 미만	-
30만원 이상 60만원 미만	1%
60만원 이상	2%

전월 60만원 이상 사용시 2% 적립!

▲ 출처 : 신한카드 홈페이지(www.shinhancard.com)

❷ 한국투자증권에 계좌를 만듭니다.

❸ 금융상품권을 매주 25만원어치씩 구매합니다.

❹ 구입한 금융상품권을 한국투자
증권 앱에 등록합니다.

❺ 금융상품권을 등록한 계좌에서
RP를 1원 매수하고, 곧바로 매도
합니다.

❻ 인출 가능해진 25만원을 원하는 계좌로 이체합니다.

❼ 신한카드에서 2%(또는 1%)씩 쌓인 포
인트를 계좌로 출금합니다.

이렇게 한 달을 지내면 100만원으로 2만
원을 얻을 수 있습니다. 신한 딥 온 체크
카드는 상품권 구입을 실적으로 인정해
주기에 가능한 방법이에요. 단, 실시간으
로 조건이 바뀌거나 조기 종료될 수 있으
니 꼭 확인해 보세요!

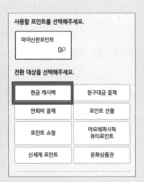

▲ 출처 : 신한카드 앱

자녀교육 대비하는 우리 가족 재테크 사이클

월재연 카페의 **심플그녀님**은 5살, 3살 딸을 둔 주부입니다. 심플그녀님은 매일 적는 가계부 앞에 '우리 가족 재테크 사이클'을 붙여놓고 향후 계획을 짤 때 참고한다고 해요. 이렇게 하면 아이가 자라 큰돈이 나가게 되는 시기를 놓치지 않고 미리미리 대비할 수 있다고 합니다. 아이가 있는 가정이라면 참고해 보는 게 어떨까요?

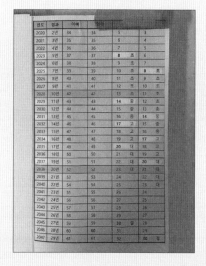

목돈이 나가는 초중고 입학은 미리미리 표시해 놓았어요.

흙수저 맞벌이 부부, 빌라 전세에서 내 집 마련 성공

:까조녀:

지출구멍 원천 봉쇄!
신용카드 해지, 고정비, 생활비 틀어막기!

저는 결혼 3년차에 둘째 출산을 앞두고 있는 예비 애둘맘입니다. 3년 전, 흙수저와 흙수저가 만나 빌라 전세로 시작했습니다. 그러면서 부부가 뜻을 모아 5천만원을 모으고, 1억을 모았습니다. 쉽지 않은 일이었지만 한번 해내고 나니 2억도 모을 수 있더라고요. 아등바등 치열하게 살며 마침내 서울에 내 집 마련을 할 수 있었습니다.

매달 정해진 월급을 받는 월급쟁이 부부가 총수입을 늘리기는 현실적으로 쉽지 않죠. 그래서 저희가 선택한 방법은 고정지출과 변동지출을 최대한 줄여서 저축을 하는 거였어요. 아끼고 모으면서 의견 충돌이 있을 때도 있었지만 TV토론을 하듯 대화로 풀어나갔습니다.

1 | 유선TV, 신용카드 해지

남편이 결혼 전부터 이용하던 초고속 인터넷(1G/38,500원)을 최저 요금제(100M/16,500원)로 낮추고 유선TV(11,000원)도 과감히 해지했습니다. 습관이라는 게 참 무서워서 처음 몇 번은 남편의 반대에 부딪혔어요. 하지만 끊임없는 설득과 회유에 결국 해지를 결정했습니다.

물론 저에게도 쉽지 않은 선택이었어요. TV 채널이 많을수록 볼거리가 많고, 3살인 첫째도 TV를 틀어주면 혼자 시간을 잘 보내기에 몸은 편했으니까요. 지금은 TV를 보는 대신 매일 저녁 아이에게 책을 읽어주고 함께 역할놀이를 하며 유익한 시간을 보내고 있으니 1석 2조라는 생각이 들어요.

신용카드는 결혼하면서 모두 정리를 해서 저희 부부는 체크카드와 현금만 사용하고 있어요. 물론 신용카드를 쓰면 체크카드에는 없는 각종 혜택을 받을 수 있지만, 안 쓰는 게 최고의 절약이라고 생각했거든요. 생각보다 크게 불편한 점은 없었습니다.

2 | 멜론 월이용권 해지

매달 7,900원을 내고 아이디 하나로 남편과 제가 나눠 들곤 했는데, 매월 나가는 고정지출이라 생각하니 이조차도 아깝게 느껴졌어요. 그래서 남편을 설득해서 해지하기로 결정했습니다.

그런데 이게 웬걸? 결혼 전부터 수년을 이용하는 동안 아무런 혜택도 없더니 해지한다고 하니까 갑자기 월 100원에 듣게 해준다는 알람이 계속 뜨더라고요. 남편이 순간 흔들렸으나 꿋꿋이 우리의 길을 가자며 과감히 해지하고 1분듣기의 길로 들어섰어요. 신나려고 하는 순간 다음 노래로 넘어간다는 단점이 있으나 그렇게 불편하진 않았습니다.

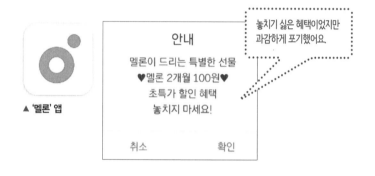

▲ '멜론' 앱

안내

멜론이 드리는 특별한 선물
♥멜론 2개월 100원♥
초특가 할인 혜택
놓치지 마세요!

취소   확인

놓치기 싫은 혜택이었지만 과감하게 포기했어요.

3 | 배달 앱 삭제

맞벌이를 하다 보니 퇴근 후 저녁을 해먹으려면 귀찮고 힘들어요. 그럴 때면 자연스럽게 배달 앱을 켜고 치킨, 피자, 한식, 중식 등 음식들을 주문하게 되더라고요. 배달비도 아깝지만 최소주문금액 이상으로 시키다 보니 출혈이 굉장히 크다는 걸 깨닫게 되었어요. 그래서 과감히 앱 삭제! 배달 주문을 줄인 것만으로도 한 달에 10만 원 이상은 아낄 수 있었어요.

물론 한달 내내 냉파(냉장고 파먹기)만 실천하며 살기는 쉽지 않죠.

그래서 저는 블로그 체험단을 지원해서 맛있게 먹고 성의껏 정보성 후기를 남기는 방법을 선택했습니다.

4 | 커피는 900원에 해결

제 직장은 여의도에 있습니다. 여의도 직장인들의 최애 카페는 단언컨대 별다방이죠. 아침 출근길에 주위를 둘러보면, 피곤에서 벗어나기 위해 초록 빨대를 꽂은 커피를 들고 출근하는 직장인들을 심심치 않게 볼 수 있어요. 저는 주로 가성비 좋은 저렴이 카페를 이용하거나, 부서 내 공짜 원두커피 기계를 적극 이용합니다. 여의도에는 아메리카노 한 잔에 900원 하는 카페도 있어요. 제가 늘 커피맛 괜찮다며 당당하게 들고 다니니까 저희 부서 분들도 900원짜리 커피를 종종 이용하시는 것 같더라고요.

5 | 옷은 올블랙으로 단정하게 (feat. 스티브 잡스, 신사임당)

남편은 자칭 폼생폼사 인생을 살아왔다고 말합니다. 저를 만나기 전까지 쭉 패션왕 인생을 살았다고 자부하는데요. 지금 남편 별명은 영티브 잡스, 영사임당입니다. 스티브 잡스와 재테크 유튜버 신사임당처럼 늘 검정색 옷만 입고 다녀서 제가 붙여준 별명이에요. 가격이 저렴하고 편한 스파 브랜드 검정티를 주로 애용하고, 사라고 해도 옷을 안 사요. 저 역시 결혼 전에는 백화점 앞에 전시된 신상 옷과 가방을 사곤 했지만, 이제는 사지 않습니다. 깔끔하고 단정하기만 하면 충분하니까요. 부부의 옷값만 절약해도 월 변동지출의 상당 부분을 아낄 수 있다고 생각합니다.

짠테크 요요현상을 막아라!

돈이 있는데도 인색하게 구는 사람을 보고 '짜다'고 표현하죠. 여기에 '재테크'라는 단어가 합쳐진 게 바로 짠테크입니다. 짠테크는 돈을 쓸 때 인색하게 군다는 의미가 아닙니다. 단순히 안 써서 아끼는 것이 아니라 불필요한 소비를 줄이고 낭비를 최소화하여 돈을 모으는 재테크 방법이죠.
그러나 짠테크를 할 때 제대로 정신 차리지 않으면 다음과 같은 함정에 빠져 자괴감에 휩싸이고, 짠테크를 포기하게 된답니다. 월재연 카페의 **성실한 흙수저님**이 알려주는 짠테크 주의사항! 같이 살펴볼까요?

주의 1 | 푼돈 모아 탕진하기
평소에는 궁핍하게 살며 저축을 합니다. 그리고 적금 만기를 축하하며 모은 돈을 한번에 탕진합니다. 자가용을 새로 뽑거나 스마트폰 최신기기를 들이거나 기타 고가의 소비를 합니다. 평소에 힘들게 돈을 모으지만 쓴 돈을 모아보면 남들만큼, 혹은 그 이상으로 쓰는 경우가 허다합니다.

주의 2 | 남에게 인색하게 빌붙기
내 돈 알뜰하게 아끼면서 남에게 얻어먹는 것을 당연시하는 사람이 있습니다. 흔쾌히 밥값을 내주는 사람도 내심 다 압니다. 누가 염치없이 얻어먹는

지, 감사하는 마음이 있는지, 혹은 한 번은 사는지, 밥을 먹었으면 커피라도 사는지. 짠테크는 나에게 무가치한 지출을 통제하는 것입니다. 남에게 인색하다는 평판이 나면 결과적으로 더 많은 기회를 잃게 됩니다.

주의 3 | 자기 자신에게 인색하기

가장 효과적으로 돈을 모으는 방법 중 하나는 내 소득을 늘리는 것입니다. 소득을 늘리기 위해서는 일정 부분 자기 투자가 필요합니다. 업무 효율을 높이기 위해 건강, 체력, 멘탈 관리는 필수입니다. 또 끊임없는 학습을 통해 업무 능력을 갖추고 나의 영향력을 넓혀야 합니다.

주의 4 | 만성질환을 복리로 키우기

그냥 쉬는 것만으로는 낫지 않는 병이 있습니다. 대부분의 정신질환이 그렇고, 상당수의 허리통증과 치과 질환이 그렇습니다. 돈이 아까워 방치하면 오히려 나중에 더 큰돈이 나갑니다. 건강검진하는 돈 아끼다가 더 큰 병원비가 나가기도 하고요. 병원을 안 간다고 해서 병이 낫는 것도 아니니 초기에 치료를 받아야 합니다. 그렇지 않으면 미래에 지불할 병원비가 복리로 늘어납니다.

주의 5 | 저품질 제품 여러 번 사기

내구성이 중요한 가전제품이나 가구들은 적당히 가격이 있는 것을 구매하는 것이 좋습니다. 그렇지 않으면 여러 번 교체하는 비용이 더 듭니다. 교체하기 전에 이것저것 알아보는 데도 기력이 빠지고, 교체할까 말까 고민하는 것도 은근히 귀찮습니다. 교체하기 전에 질 나쁜 제품을 쓰느라 스트레스 받는 것도 덤입니다.

성실하게 글만 잘 쓰면 가족 외식이 무료

저는 블로그 체험단을 적극 활용해 가족들과 외식을 즐깁니다. 배민 앱을 삭제하고 집밥 생활만 하다 한 번씩 가족 외식을 할 수 있어서 참 괜찮은 방법이에요. 특히 '서울오빠' 사이트에서는 매일 출석체크를 하면 50원이 쌓여서 한달에 1,500원을 얻을 수 있고, 블로그 체험단과 기자단도 함께하면 돈이 생각보다 빨리 모이더라고요.

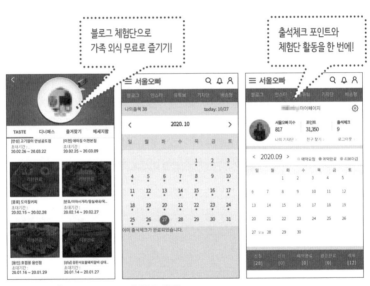

▲ '디너의여왕' 앱   ▲ '서울오빠' 앱

서울오빠 외에도 디너의여왕, 레뷰, 스토리앤, 놀러와체험단, 오마이블로그 등 활동할 수 있는 체험단이 많습니다.

✦ 블로그 체험단 총정리 ✦

종류	장점	단점
서울오빠	• 출석체크를 통해 매월 1,500원 수익 실현 가능 • 경쟁률이 상대적으로 낮음	• 원고료가 상대적으로 낮음 (건당 2,500원)
디너의여왕	• 맛집 위주 캠페인이 많음 • 앱이 있어 편리함 • 신청 시 매번 사유를 쓰지 않아도 돼 간단함	• 경쟁률이 매우 높음
레뷰	• 규모가 가장 큼 • 체험 제품이 다양하고 체계적	• 경쟁률이 매우 높음 • 반드시 카메라를 지참해야 하는 캠페인도 많음
스토리앤	• 원고료가 높음 (건당 1~3만원)	• 캠페인 종류가 적음
놀러와체험단/ 오마이블로그	• 경쟁률이 낮음	• 캠페인 종류가 적음

주말 데이트는 아파트 모델하우스 산책

결혼 전 읽은 재테크 책에서 주말에 모델하우스에서 데이트를 한다는 글을 읽고 충격을 받았습니다. 영화 보기, 공원 산책하기, 맛집 탐방하기 등 데이트할 거리가 얼마나 많은데 군이 왜 모델하우스를 가냐고 생각했어요.

그러나 어느새 저희 부부가 그 이야기의 주인공이 되어 있었습니다. 저희 부부는 아이가 조금이라도 어릴 때, 저희가 한 살이라도 젊을 때 영화 보고 카페 가는 여유를 즐기기보단, 주말 시간을 알차고 보람 있게 보내기로 했습니다. 주말이면 여의도 브라이튼, 과천 자이, 과천 써밋, 서초 그랑자이 등 모델하우스 개관 일정을 알아보고 구경 다녔습니다. 물론 경쟁률도 워낙 높고, 청약 점수도 낮아 당첨 확률이 현저히 적었으나 일단은 시도라도 해보자는 마음이었어요.

무수히 시도한 청약 신청에서는 모두 떨어졌지만 모델하우스를 한 군데씩 다녀올 때마다 '이런 집에서 아이를 키울 수 있다면 얼마나 좋을까, 그만큼 더 열심히 살아보자!'라며 의지를 다질 수 있었습니다.

이렇게 최선을 다해서 모델하우스도 다니고 청약도 넣어보는 과정을 반복하면서 나름의 학습을 한 저희 부부는 서울의 구축 아파트를 매수하게 되었어요. 정부에서 저금리로 대출해 준다고 홍보하는 '신혼부부 내집마련 디딤돌대출', '신혼부부 전용 전세자금대출*' 등이 부부합산 연소득이 6천만원이 넘는 웬만한 맞벌이 부부에게는 말 그대로 빛 좋은 개살구이고 신혼부부 특별공급도 당첨 가능성이 거의 없다고 판단했기 때문입니다. 모델하우스 탐방과 연이은 청약 탈

★ '신혼부부 내집마련 디딤돌대출'은 부부합산 연소득 6천만원 이하일 때 최대 2.6억원까지 대출 가능하고(대출 금리는 약 1.85~2.40%), '신혼부부 전용 전세자금대출'은 부부합산 연소득 6천만원 이하일 때 최대 2억원까지 대출 가능하다(대출 금리는 약 1.20~2.10%).

락 경험들이 동기부여가 되었다고 생각하니 지난 시간이 전혀 아깝지 않았습니다.

빌라 전세에서 신축 아파트로 점프업!

종잣돈 모으는 데 절약과 저축은 정말 기본이죠. 물론 저희 부부가 남들보다 더 많이 절약한 편이었죠. 짠테크만 열심히 하던 저와 남편은 어느 정도 종잣돈을 마련하고 신혼집을 구하기 위해 빌라 전세를 보러 다녔어요. 집 보러 가는 차 안에서 부동산 사장님이 "내 자식 같아서 하는 말인데 오해하지 말고 들어요. 대출을 영혼까지 최대한 끌어모으고, 부모님께도 죄송하지만 좀 더 보태달라고 해서 전세 대신 매매를 하는 게 좋아요."라고 말씀하셨어요. 당시 남편과 저는 장남 장녀였고, 여유롭지 않은 집안형편에 보태달라고 말씀드리기가 죄송해 한 귀로 듣고 한 귀로 흘렸습니다.

그렇게 서울에 전셋집을 구해 이사하고 결혼 후 얼마 지나지 않아 첫째가 태어났습니다. 불과 7~8개월이 지났을까, 1년이 채 안 되는 짧은 기간에 부동산 가격이 무섭도록 상승했습니다.

최대한 적게 쓰고 많이 모아도 1년에 몇 천만원을 모은다는 게 정말 어려운 일인데 부동산 가격은 그 이상 오르는 걸 직접 목격한 거죠. 이후 저희 부부는 머리를 맞대고 퇴근 후 부동산을 공부하고, 손품과 발품을 팔아 대출을 알아보러 다녔습니다.

사내 대출, 퇴직금 중간정산, 신용대출, 예적금 담보대출 등 영끌해서(영혼까지 끌어모아서) 생각보다 넉넉한 금액을 마련할 수 있었습니다. 이 돈으로 구축이지만 교통이 좋은 서울 당산의 한 아파트를 갭투자로 매수하게 되었습니다. 그리고 안산에 있는 친정 부모님 댁에 들어가 살기로 결심했어요. 이렇게 2년을 살며 최대한 아끼고 절약하며 무조건 대출금 상환에 매달렸습니다.

치열하게 열심히 사는 동안 집값이 올라서 당산 구축 아파트를 매도하고 마포 신축 아파트를 매수했습니다. 아이들의 어린이집 문제도 있고 돈을 더 모아야 해서 당장 입주는 불가능하지만 2년 안에 실입주하는 것을 목표로 저희 부부는 열심히 짠내나는 생활을 하고 있답니다.

집값 오른 당산 아파트 매도 후 마포 신축 아파트 매수 성공!

영끌로 서울 당산 구축 아파트 매수!

1억 자산을 불려준 월급쟁이 공모주 청약 노하우

저희 부부의 재테크 비법은 절약과 저축이 주였지만, 그렇게 해서 모은 돈을 어떻게 불릴지 고민하기 시작했어요. 그러다 찾은 방법이 바로 공모주 청약입니다. 기업이 증권시장에서 공식적으로 거래되기 위해 상장을 할 때 투자자가 공모주를 사겠다고 신청할 수 있어요. 이걸 공모주 청약이라고 하는데, 기업이 청약을 받아 주식을 배정해 줍니다. 투자위험이 그리 크지 않은데 상대적으로 높은 수익을 올릴 수 있다는 장점이 있죠. 저는 이 방법이 월급쟁이 맞벌이 부부였던 저희에게 딱 맞는 투자 방법이라고 생각했어요. 월급쟁이의 장점은 매달 들어오는 월급도 있지만, 회사와 근속기간을 보고 해주는 신용대출, 마이너스통장도 큰 역할을 합니다. 저는 이 장점을 활용해 보기로 했어요.

물론 이런 식의 투자에 부정적인 시각을 가진 분들도 많다는 거압니다. 하지만 본인이 감당할 수 있는 만큼의 대출을 이용해 투자를 한다면 충분한 가치가 있다고 생각해요. 저는 30~60세까지 30년 동안 모은 돈으로, 30~90세까지 60년을 쓰고 살아야 한다면 월급을 아끼고 저축해서는 부족할 거라 생각해서 투자를 시작했어요.

공모주 청약을 해보고 싶은데 처음 하는 분들은 막막할 거라고 생각해요. 저 역시 그랬으니까요. 저는 '38커뮤니케이션'에서 많은 도움을 받았어요. 이 사이트에서는 IPO(기업공개) 일정 및 기업의 IR(회사에서 투자자들에게 기업의 정보를 제공하는 용도로 작성한 문서) 자료 조회가 가능하고, 기업 관련 기사들도 많아 공모주 청약에 필요한 다양한 정보를 얻을 수 있습니다.

공모주 청약에
도움이 되는 IPO,
IR 정보 대공개!

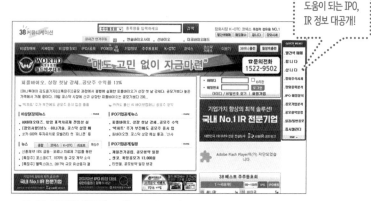

▲ 38커뮤니케이션 사이트(http://www.38.co.kr)

직접 공모주 청약을 해보면서 생긴 저만의 기준도 알려드릴게요.

✦ 공모주 청약 체크리스트 ✦

☑ ① 수요예측 기업 경쟁률은 최소 500:1이 넘을 것

☑ ② 의무보유 확약 수량이 많을수록, 상장일 유통 가능 물량이 적을수록 긍정적!

☑ ③ 일반적으로 상장일 오전에 주식 매도할 것

☑ ④ 공모주도 주식이기 때문에 맹신하지 말 것

☑ ⑤ 예적금 담보대출 적극 이용

③은 상장 첫날에 공모주 주가가 최고가일 확률이 70%를 넘기 때문에 주식을 매도하는 겁니다. ⑤의 예적금 담보대출은 내 자산을 담보로 대출받는 것이기 때문에 필요한 서류도 없고 신용등급과도 전혀 상관이 없어요. 저금리로 공모주에 투자하기에 제격입니다.

저는 공모주 파워블로거 분들(슈앤슈, 매화록, 넘버원님)과 이웃을 맺고 공모주 관련 글이 올라오면 꼭 읽어봅니다. 또 투자노트에 공모주 정보를 빠짐없이 적고 상장 결과와 수익률을 예측해 보곤 합니다. 예측이 항상 맞아떨어지는 것은 아니지만 그래도 한 걸음 나아갈 수 있었어요.

▲ 슈앤슈 블로그
(https://blog.naver.com/xuenxu)

▲ 매화록 티스토리
(https://hmj170.tistory.com)

▲ 넘버원 블로그
(https://blog.naver.com/dunkenleeda)

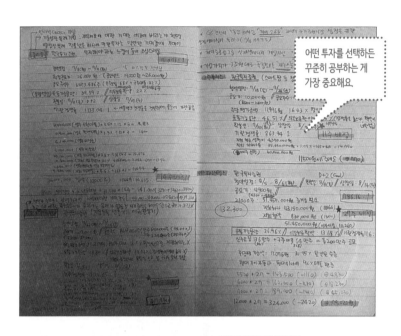

어떤 투자를 선택하든 꾸준히 공부하는 게 가장 중요해요.

점심시간에 틈틈이 재테크 책을 읽으며 공부했어요!

모델하우스 비밀노트 만들기

월재연 카페의 **돈냥이님**은 부모님과 함께 살고 있지만 향후 내 집 마련 또는 투자 목적으로 아파트를 분양받을 생각입니다. 돈냥이님은 모델하우스를 방문하면서 본격적으로 부동산 공부를 시작했다고 해요. 특히 모델하우스를 방문하고 나면 반드시 기록으로 정리했어요. 현장방문 역시 필수로, 시간을 내서 틈틈이 현장을 방문해 지하철역, 버스정류장까지 직접 걸어보며 교통 편리성을 체크하고 학군, 입지 등도 꼼꼼하게 살피고 있어요.

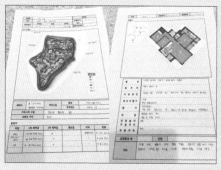

▲ '돈냥이'님의 모델하우스 비밀노트 인증샷

"모델하우스를 시작으로 부동산에 대한 안목을 키워보겠습니다! 꾸준히 공부하다 보면 언젠가는 고수의 반열에 올라 좋은 기회를 잡을 수 있을 거라고 생각합니다!"

이렇게 겸손의 말도 남겼는데, 수많은 모델하우스를 방문하면서 쌓은 돈냥이님만의 노하우로 이미 고수의 반열에 올라섰다고 생각해요. 특히 아직 젊고 미혼인데 똑부러지게 부동산 공부를 하는 모습! 감탄이 절로 나옵니다. 돈냥이님에겐 분명 멋진 미래가 기다리고 있을 거예요. 파이팅입니다!

▲ 출처 : 《맘마미아 푼돈목돈 재테크 실천법》

외벌이 신혼부부 총자산 2억 돌파! : 잡담마녀 :

주식투자로 공장 옥탑방에서 내 집 마련 성공! : 헬로마녀 :

적금 → 펀드 → 주식, 돈 모으는 속도가 빨라진다! : 돈사몸 :

100,00

외벌이 신혼부부 총자산 2억 돌파!

: 잡담마녀 :

남편은 일터로, 아내는 재테크로!
업무분담 효과 UP!

저희 부부는 작년에 결혼했습니다. 결혼 전 저는 6,500만원, 남편은 7천만원을 모은 상태로 만나 결혼비용으로 3,500만원을 쓰고 1억에 신혼생활을 시작했어요. 2019년 2월 결혼한 후 3개월 만에 제가 직장을 그만두게 되면서 외벌이가 시작되었고요.

외벌이는 힘들다고 생각하시는 분이 많겠지만, 1년이 지난 지금 저희 부부는 현금만 2억 넘게 모은 상태입니다. 신랑은 재테크에 전혀 관심이 없어서 결혼과 동시에 저한테 모두 일임했고, 여유자금으로 주식만 하고 있어요. 한 사람이 재테크를 도맡아 하다 보니 새는 돈도 빨리 잡게 되었고 목돈도 더 쉽게 모을 수 있었어요.

그렇다면 제가 과연 처음부터 이렇게 돈을 잘 모았을까요? 저는 2011년 대학교 졸업 당시 아르바이트로 번 돈과 장학금을 모두 저금해 1천만원을 모은 상태였습니다. 졸업하고 나서는 직장생활 3년 동안 월급 200만원을 받았고 월세 35만원짜리 원룸에 살면서 매달 80~100만원씩 꼬박꼬박 저금했어요. 물론 성과급도 전부 저축했습니다. 이렇게 모은 돈이 4,500만원이었습니다. 이 돈과 부모님의 도움으로 2014년엔 원룸 전세에서 살 수 있게 되었죠. 그런데 입주한 지 4개월 만에 전셋집이 경매로 넘어가게 됩니다.

깡통전세로 3년간 속앓이, 흥청망청 소비 멈추고 재테크에 입문!

눈뜨고 코 베인다는 말이 있죠? 지방에서 올라와 순진했던 저는 잘 알아보지도 않고 공인중개사 말만 믿고 덜컥 전셋집을 계약했습니다. 하필 월세 기간이 만료되어서 집을 급하게 구해야 했던 상황이라 이성적이지 못했어요. 이게 화근이었습니다. 공인중개사는 집주인이 건물이 두 개인 건축가고, 강남에 땅도 있는, 동네에 유명한 부자라고 말했고 저는 철석같이 믿었습니다. 부동산 계약 당일엔 집

주인이 약간의 근저당이 있지만 밀린 적 없이 이자를 잘 내고 있다고 했고요.

하지만 건물 두 개는 순식간에 경매로 넘어갔고, 강남에 있다던 땅도 이미 압류당했다는 걸 알게 되었어요. 건물을 지은 후 한 번도 대출이자를 내지 않아 이자 연체액이 채권최고액*을 이미 넘어선 상태였고요. 흔히 말하는 깡통전세였던 거죠. 재산압류라도 할까 싶어 다른 세입자 분들과 의기투합해 알아보았지만 이미 서류상 이혼하고 모든 재산을 배우자 이름으로 빼돌린 후였습니다.

제가 할 수 있는 일은 딱 하나, 울며 겨자 먹기로 경매에 직접 참여해 낙찰받는 것뿐이었어요. 물론 예상 손해액은 컸죠. 6평짜리 방 때문에 대출을 받아야 했으니까요. 게다가 집주인의 밀린 세금 약 1천만원까지 전부 떠안게 되는 상황이었어요. 그가 건강보험료마저 체납하는 알거지일 줄은 꿈에도 몰랐습니다.

세입자가 약 50명에, 손해액이 워낙 컸기 때문에 법원에서 이를 구제해 주기 위해 여러 번 경매를 미뤄주었지만 집주인은 결국 해결하지 못했고, 3년이 지나서야 경매가 진행되었어요. 다행히 저보다 금액을 약간 높게 쓴 낙찰자가 나타났고, 저는 보증금을 일부 돌려받은 후 그 전셋집에서 빠져나올 수 있었어요.

....

★ 금융권에서 대출받은 회사나 개인이 이자를 연체하거나 채무액을 변제하지 못할 경우에 대비해 은행에서 채권의 최고금액을 잡아놓는다. 보통 실제 채권보다 20~30% 높게 설정된다.

3년의 기다림 끝에 문제는 해결되었지만 원금에는 이미 큰 손실이 난 후였고 제 마음도 많이 지친 상태였습니다. 그 이후 2017년에서 2018년까지 대략 1년 동안 많이 방황했어요. 3년 동안 힘들게 모은 돈을 억울하게 잃자 모든 게 부질없다는 생각이 들어 저축 없이 흥청망청 소비했고, 해외여행을 여러 차례 다녀왔습니다.

✦ 잡담마녀님 부부의 자산 흐름 ✦

	아내	남편
2011년	1천만원 저축	무조건 저금!
2014년	4,500만원 저축	
	전셋집 경매	
2017년	경매 해결	
2018년	흥청망청 소비	
결혼 당시	6,500만원 저금	7천만원 저금
총 1억 3,500만원		
결혼 후	− 3,500만원 결혼식	
	+ 2,000만원 축의금	
	+ 2,500만원 퇴직금	
	+ 1,500만원 보험 정리	
	+ 2,000만원 주식	
	+ 2,500만원 저금	
= 2억 500만원		

보험 다이어트로 새는 돈 잡기, 때로는 해지가 이득일 때도 있다

신랑 직장이 대전이라 제가 직장을 그만두고 대전으로 이사해 함께 살기로 했어요. 외벌이가 되자 불안한 마음이 들어, 돈을 어떻게 쓰고 있는지 알아보려고 3개월 동안 무작정 가계부를 썼습니다. 그런데 계산해 보니 지출이 월 400만원이 넘더라고요. 적금은 지출로 넣지 않았으니 다 합치면 마이너스 인생을 즐기고 있었던 거예요. 너무 놀라 가계부 다이어트를 진행했습니다. 가장 먼저 실행한 것이 바로 보험 분석 및 정리였습니다.

사실 저는 보험사에서 보험심사팀으로 6년간 근무를 했는데요, 실손보험팀에서 일했기 때문에 정액보험은 잘 알지 못해서 증권과 약관을 붙들고 열심히 비교하며 공부했습니다.

신랑은 결혼 전 월 53만원의 보험료를 납부하고 있었어요. 저로서는 도저히 납득할 수 없는 금액이어서 8개월이라는 긴 기간 동안 열심히 설득했습니다. 처음엔 완강했던 신랑이 나중에는 먼저 나머지 보험도 정리하자고 말해 주어 참 고마웠습니다.

보험을 정리하고 받은 해지환급금은 약 1,500만원이었습니다. 물론 손해가 컸지만 유지하는 게 더 큰 손해라는 걸 알기에 과감하게 정리했습니다.

	보험 정리 전	보험 정리 후
아내	155,628원	64,251원
남편	534,509원	112,670원

보험 정리 후
월 50만원 절약 성공!

보험 유지의 함정

제가 과감하게 보험 정리를 할 수 있었던 이유는 딱 두 가지예요. 바로 금전적, 시간적 손해라는 판단이 들었기 때문입니다.

보험은 아직 일어나지 않은 미래의 일을 대비하기 위함이에요. 만약 내가 열심히 운동하고 생활습관을 개선하면서 건강을 유지한다면 최소한의 질병은 예방할 수 있지 않을까요? 저는 보험 대신 운동을 선택했습니다. 요즘은 코로나19로 가지 못하지만, 유튜브에 워낙 좋은 채널이 많아 굳이 돈을 많이 쓸 필요도 없어요.

또한 시간적 손해도 말할 것 없죠. 건강을 유지해서 아낀 보험료를 주식에 투자한다면 어떨까요? 내가 투자한 기업이 잘 성장한다면, 물가상승률을 감안했을 때 어떤 게 더 현명한 일이 될까요? 물론 주식이 아니더라도 목돈을 만들어 내 집 마련할 때 크게 보탬이 될 수도 있고, 해외여행을 갈 수도 있어요. 단순 관광이나 남들에게 보여주기 식이 아닌 해외여행은 나를 위한 투자라고 생각합니다.

신혼부부에게 필요 없는 보험 1순위 – 종신보험

신랑의 보험에서 가장 문제가 된 보험은 매월 30만원 넘게 납부하던 고액의 종신보험이었습니다. 저는 종신보험은 부자보험이라고 생각해요. 고액 자산가들이 추후 사망 시 자녀들에게 상속세 낼 재원을 마련해 주기 위한 용도로 많이 쓰이거든요.

신랑은 연금으로 활용하려고 가입했다고 해요. 55세가 넘으면 매달 일정 금액을 받을 수 있으니 좋은 조건이라 생각한 거죠. 종신보험을 몰랐던 저도 처음엔 좋은 줄 알았습니다. 하지만 공부를 해보니 종신보험을 연금으로 받으면 손해라는 사실을 알게 되었습니다. 신랑이 가입했던 보험은 일반 연금보험보다 수령액이 적을 뿐 아니라, 최저보증이율*도 시간이 지날수록 낮아진다는 걸 알게 되었어요. 게다가 연금으로 수령하게 되면, 사망 및 다른 특약들이 소멸되는 약관이더라고요.

사실 이 세상에 불필요한 보험은 없어요. 단, 나에게 필요한지 아닌지는 따져봐야 합니다. 목돈 모으는 게 중요한 신혼부부에게 종신보험은 불필요한 보험 1순위라고 생각해요. 물론 금전적으로 여유가 있다면 오로지 '사망'을 대비하는 목적으로 유지하시길 바랄게요.

★ 보험사에서 지급하기로 약속한 최저금리를 말한다. 최저보증이율이 10년 동안 2%, 10년 이후 1% 식으로 낮아지는 상품도 있다. 10년 뒤 물가상승률 등을 고려하면 수익률이 현저히 낮아지므로 이를 꼼꼼하게 확인한 후 가입해야 한다.

만약 저희처럼 연금을 목적으로 가입하셨다면 좀 더 고민해 보시길 바랍니다.

신혼부부에게 꼭 필요한 보험 3가지

보험은 크게 두 가지로 나눌 수 있습니다. 실제 손해본 금액을 보상해 주는 실손보험과 정해진 액수를 보상해 주는 정액보험입니다. 더 쉽게 말하자면 병원에서 납부한 의료비를 보상해 주는 것이 실손보험, 진단비와 사망비 등 가입 당시 이미 정해진 금액을 보상해 주는 게 정액보험이죠.

1 │ 실손보험 – 예상치 못한 병원비 방어

실손보험은 의무라고 말할 정도로 많은 사람이 가입하고 있죠. 실손보험은 예상치 못한 병원비를 방어할 수 있다는 것이 가장 큰 장점입니다. 특히 갑작스러운 진단이나 사고로 통원 및 입원하게 될 경우, 본인이 가입한 한도까지 병원비를 지급받을 수 있습니다.

저는 실손보험은 가입하는 게 맞다고 생각합니다. 특히 2009년 10월 이전에 가입한 상품이라면 끝까지 유지하시길 권해 드립니다. 2009년 10월부터 실손보험 표준약관이 생기면서 보험사마다 다르게 운영되던 약관이 통일되었는데, 그 이전에 가입한 보험들은 대체로 보험료가 낮고, 자기부담금이 없거나 낮은 편이라 유리합니다. 또한 표준약관에서 보장하지 않는 범위를 보장해 주기도 합니다.

2009년 10월에서 2017년 4월 사이에 가입한 보험도 유지하시는 게 좋다고 생각합니다. 현재는 자기부담금이 훨씬 높아졌을 뿐 아니라 총 5가지 비급여 항목(도수치료·증식치료·체외충격파·MRI·비급여 주사치료)을 별도 특약으로 들어야 하기 때문입니다. 게다가 지금은 비급여 항목의 보장 금액과 횟수가 제한되기도 합니다. 물론 보험료는 조금 저렴해질 수 있으나 보험금 지급액은 상당히 낮을 수 있습니다.

2 | 사망특약이 있는 보험 – 외벌이 가정에 추천

외벌이의 경우에는 사망특약을 준비하는 것도 하나의 방법입니다. 수입이 있는 배우자가 갑작스럽게 사망할 경우, 경제적으로 어려움이 발생할 수 있기 때문입니다. 특히 아이들이 아직 어리다면 더 곤란해지겠지요.

단, 앞서 말씀드린 종신보험이 아닌 정기보험을 가입하거나, 암보험 가입 시 넣는 사망특약을 유지하라고 말씀드리고 싶어요. 우리가 사망을 대비하는 이유는 수입이 끊기는 것을 대비하기 위함인데,

부모가 60세 정도가 되면 자녀들도 20대에 접어들기 때문에 일할 능력이 생기기 때문입니다. 정기보험은 보통 60세 만기입니다. 보장기간이 짧아 종신보험보다 금액이 훨씬 저렴하기 때문에 사망보험을 별도로 가입하기 원하신다면 정기보험을 추천드립니다.

3 | 가족력을 고려한 보험 – 생활습관까지 점검해 맞춤보험 완성

앞에서 나에게 꼭 필요한 보험을 가입하는 게 중요하다고 말씀드렸죠? 가족력이 그 중 하나입니다.

저희 부부는 보험 정리를 하며 가족력을 중심에 두고 정리했습니다. 수술 이력이 있거나 진단받은 이력이 있는 조부모, 부모, 형제까지 고려해 꼭 유지해야겠다고 판단된 특약은 남겨두었습니다.

또한 평소 생활습관까지 고려했습니다. 이는 나 자신만이 할 수 있는 일입니다. 아무리 좋은 설계사를 만나도 이것까지 고려해 주기는 어려워요. 보통 지인을 통한 만남이다 보니 가족들의 투병 사실을 밝히는 것이 어려울 때도 있고요.

그러니 보험 가입 전 나의 생활습관 중 나쁜 습관이 무엇이 있는지, 그로 인해 발생할 수 있는 질병이 있는지 점검해 보시고, 가족력도 함께 고려하면 가성비 좋은 보험에 가입하실 수 있을 거예요.

새는 돈 모아 주식투자,
자산을 1년 만에 크게 불려주다!

신랑은 실행력이 매우 뛰어난 사람입니다. 지인과 상담 후 수익률 없는 펀드를 과감하게 정리했고, 작년부터 주식을 시작했습니다. 그로부터 채 1년이 지나지 않아 2천만원의 수익을 올렸습니다.

주식을 시작하게 된 계기는 아주 사소하고도 단순했습니다. 펀드 정리를 도와준 지인이 저축밖에 모르던 저희 부부에게 주식이 단순한 도박이 아닌, 재테크의 기회가 될 수 있다는 것을 깨닫게 해준 것이 전환점이 되었습니다. 지인이 주장한 내용의 핵심은 이것입니다.

"주식은 도박이 아니다. 기업에 투자하는 것이다. 서브프라임, 코로나 같은 이벤트성 위기 속에서는 우리 대한민국에 투자하는 것이다. 또한 특정 산업, 기업 전체에 투자하는 ETF 상품 같은 비교적 안전한 상품도 있다. 그러니 무조건 두려워하지 말고 적은 금액으로 도전을 시작해 봐라!"

금융상품을 소개받은 것은 아니었지만, 이를 계기로 우리 부부는 긴 대화와 고민 끝에 과감하게 주식에 입문하게 되었습니다.

물론 초보인 저희 부부에게는 전문가가 운영해 주는 펀드나 추천 종목에 수수료를 지불하고 재테크를 하는 게 투자에 대한 부담감을 더는 방법이긴 합니다. 그러나 신랑이 결혼 전 투자했던 펀드가 수익률이 전혀 없다 보니 저희가 직접 주식을 고르고 매도매수를 하는 게 더 안심이 되고, 성장할 수 있는 기회라 여기게 되었습니다.

그렇게 소액투자를 시작했고, 주식시장을 계속 지켜보면서 감각을 익혔습니다. 그러다 코로나로 팬데믹이 시작되면서 매수 타이밍을 잡게 되었습니다. 시간이 걸려도 반드시 주가가 회복할 거라는 믿음이 있었고, 여유자금은 충분했기에 많은 돈을 투자했습니다.

다행히, 주식시장이 예상보다 빠르게 회복되어 짧은 기간 동안 생각지도 못한 큰 수익을 거둘 수 있었습니다. 그 이후엔 코로나로 인한 비대면 및 언택트 관련 우량주의 성장을 예상해 투자했고, 배터리 관련 종목으로 추가 수익을 얻었습니다.

주식을 시작하면서 저희가 생각한 가장 중요한 원칙은 목표치를 정하고 그 이상의 과잉 투자는 절대 하지 않는 것이었습니다. 짧은 기간 동안 많은 수익을 얻었지만, 지금도 이 원칙을 지키고 있습니다. 1천만원을 투자하기로 마음먹었다면, 수익이 100만원 발생했을 때 100만원을 현금으로 바꾸고 주식 통장에는 1천만원을 유지하는 것이지요.

이렇게 하면 위험성은 줄어들지만, 고가치 기업에 대한 고수익을 유지하지 못한다는 단점이 있습니다. 하지만 초보자는 자신의 선을 정하고 그 원칙에 따라 행동하는 자세를 가지는 것이 중요하다고 생각합니다.

변화의 시작은 단 한 걸음에서, 초조함에서 절실함으로!

재테크를 시작하기 전, 가계부를 쓰면서 제가 가장 심각하게 고민했던 건 '미래에 대한 대비'였습니다.

저는 결혼 후 가장 먼저 한 것이 가계부 쓰기였고, 두 번째가 생애설계연표 작성이었습니다. 생애설계연표란 결혼 후 약 40년의 기간 동안 일어날 생애 이벤트와 그에 따른 자금계획을 작성해 보는 것입니다. 예를 들면 출산, 교육, 차 구입, 내 집 마련, 자녀 결혼 등의 이벤트를 헤아려보는 거예요.

우리집 생애설계연표

결혼연차		1	2	3	4	5	6	7	8	9	10
가족나이	남편	33	34	35	36	37	38	39	40	41	42
	아내	32	33	34	35	36	37	38	39	40	41
	자녀1			1	2	3	4	5	6	7	8
	자녀2					1	2	3	4	5	6
이벤트 및 필요자금	부부관련		주식장기투자			자 구입					
	비용					5000만					
	자녀관련			출산		출산					초등입학1
	비용			800만		800만					300만
	특이사항			정부지원금 활용		정부지원금 활용		아동수당 주식장기투자			

결혼연차		22	23	24	25	26	27	28	29	30	31
가족나이	남편	54	55	56	57	58	59	60	61	62	63
	아내	53	54	55	56	57	58	59	60	61	62
	자녀1	20	21	22	23	24	25	26	27	28	29
	자녀2	18	19	20	21	22	23	24	25	26	27
이벤트 및 필요자금	부부관련	재취업 준비			개인연금개시	직장연금개시			환갑기념여행		
	비용								1000만		
	자녀관련	대학입학1		대학입학2							
	비용	5000만		5000만							
	특이사항	아동수당 주식 활용		아동수당 주식 활용							

구채희 작가님 블로그에 방문하면 서식을 무료로 다운받을 수 있어요!

▲ 출처 : 구채희 작가 블로그(http://blog.naver.com/hnzzang486)

계산해 보니 현재 물가 기준으로 25년 안에 최소 10억을 모아야 하더군요. 조급해지고 막막했습니다. 외벌이인 저희는 아무리 아끼고 아껴 저금을 해도 도저히 모을 수 없는 금액이더라고요. 시간이 지날수록 조급한 마음은 절실함으로 바뀌었습니다. 그리고 그 절실함은 새로운 도전을 할 수 있는 용기를 불어넣어 주었습니다.

주식을 시작하기 전 저희는 늘 일상대화만 했었는데요. 이제는 다릅니다. 아침부터 경제뉴스를 보고, 퇴근 후에는 그날 있었던 국내외 경제, 정치 상황에 대해 공부한 것을 공유합니다. 경제신문 구독도 시작했고요. 그러면서 어떤 사건이나 동향이 발생하면 그에 따른 향후 전망을 예상해 보고 성장 가능성이 높은 기업들을 찾아보곤 합니다.

가끔 저녁 산책을 할 때는 우리 부부의 미래와 우리 세대의 미래에 대해서 이야기하고, 앞으로 생길 아이와 함께 나아가야 할 방향에 대해 끊임없이 의견을 주고받습니다.

저희 부부는 정말 고지식하고 겁이 많습니다. 이런 저희도 작은 첫 발걸음을 내딛었는데요. 아주 작은 발걸음이었지만, 지금은 완전히 다른 삶을 살게 되었습니다. 이 책을 읽고 있는 지금, 당신도 할 수 있습니다. 자신만의 방법으로 도전해 보세요!

주식투자로 공장 옥탑방에서 내 집 마련 성공!

: 헬로마녀 :

23살, 무일푼으로 신혼을 시작하다

저는 남편과 함께 오손도손 살고 있는, 두 딸을 둔 30살 전업주부입니다. 2013년, 23살에 가진 돈 한 푼 없이 사랑만 좇아 결혼에 골인했고 원룸 보증금도 없어 시댁 공장에 딸린 6평짜리 옥탑방에서 신혼살림을 시작했습니다.

2014년 첫째가 태어났고, 2015년, 결혼한 지 2년 만에 150만원의 쥐꼬리만 한 월급을 모아 3천만원 만들기에 성공했습니다. 이때는 말 그대로 안 먹고, 안 쓰고, 안 입으면서 3천만원을 모았습니다. 이렇게 어렵게 모은 돈은 시댁 사정으로 인해서 금세 사라졌지요.

어느덧 아이가 어린이집에 갈 시기가 되자, 아이가 유치원에 가기 전에 최소한 투룸 빌라에서는 살아야 하지 않을까 하는 위기감이 느껴졌습니다. 간절한 마음에, 겁도 없이 그 무섭다는 레버리지 투자[*]에 도전합니다.

대학 때 경험한 주식투자, 운빨로 수익을 거둔 시기

저는 대학생 때 주식투자를 경험한 적이 있습니다. 2010년 주식투자 대회에 참가해 삼성전자에 가진 돈을 모두 넣었고 투자대회 마감까지 매매를 하지 않았더니 전국 42등이라는 기록이 나오더라고요. 이번에도 그때의 경험을 살려 세상 안전하다는 삼성전자에 올인했습니다.

당시 삼성전자 주가는 100만원에서 150만원 사이를 유지하고 있었습니다. 그래서, 아주 단순히 100만원에 사서 150만원에 팔면 되겠다는 생각을 했어요.[**] 처음에는 1,500만원을 투자했지만 날로 높

[*] 레버리지(leverage)는 지렛대를 의미한다. 지렛대를 사용하면 적은 힘으로 무거운 물건을 손쉽게 움직일 수 있는 것처럼, 레버리지 투자란 적은 돈을 가지고 빚을 내서 자산 매입에 나서는 투자전략을 일컫는다. 대출이자보다 더 높은 수익을 기대할 수 있을 때 레버리지 투자를 한다.

[**] 삼성전자는 2018년 액면분할로 당시 250만원 가까이 하던 주가가 5만원대로 낮아졌다. 액면분할이란 발행주식의 액면가를 낮춰서 주식 수를 늘리는 것이다. 자본금 증가 없이 주식 수가 증가해 저렴한 가격에 주식을 사고 팔 수 있게 된다.

아지는 주가를 보고 과감하게 3천만원이란 큰돈을 투자했습니다. 분산투자도 몰랐고 분할매매도 몰랐기 때문에 겁도 없이 과감하게 투자할 수 있었던 거지요. 매일 일하면서 주식 창만 들여다봤던 기억이 나네요.

만약 일반 종목이었다면 사달이 날 수도 있었겠지만 삼성이라는 이름값으로 어영부영 투자에 성공할 수 있었습니다. 그렇게 8~9개월 만에 투자 수익과 저축을 통해 5천만원이라는 큰돈을 모을 수 있었습니다.

이후 그간의 투자가 절대적으로 운이었음을 깨닫고 주식을 정리하고, 모은 돈 5천만원으로 재봉공장을 창업하지만 재단기계 사기에 휘말려 생산도 못해 보고 빚만 남긴 채 폐업하고 맙니다. 당장 다음 달 전기요금 2만원 낼 돈이 없어서 바로 일할 수 있는 부동산 사무실에 취직을 했으니, 얼마나 어려운 상황이었는지 아시겠죠.

부부가 맞벌이를 하니 얼추 월 400만원이라는 수입이 생겼어요. 그러는 중에 소송에서 이기고 사기당한 돈을 회수해서 빚도 청산했습니다.

다시 문을 두드린 주식시장,
바이오주로 단기투자 대성공! 그러나…

살 만해지니 세상이 보이고 주식장이 다시금 보이더라고요. 2017년, 코스피 2500선을 향해 달리던 상승장에 올라탄 저는 신라젠과 셀트리온으로 또 한번 굉장히 위험하게 수익을 거두게 됩니다. 동시에 손해도 상당히 많이 보았어요.

이때 레버리지 투자로 대출을 100% 받아 5천만원을 투자했어요. 어떤 상황이었는지는 주식을 하시는 분이라면 아마 기억할 거라고 생각해요. 좀처럼 드문 일인데, 제가 선택한 네 종목이 다 코스닥에서 코스피로 넘어가는 등 호재가 잇달았고 흔히 말하는 눌림목*조차 거의 나타나지 않았습니다. 미친 듯이 올라가는 걸 보고 덜컥 겁이 나서 많이 매매할 때는 1분에 2~3번까지도 사고 팔았으니 굉장히 위험한 투자였어요. 수익은 원금보다 많았지만 잃은 돈이 거의 60%가 넘었고요. 그나마 종목을 잘 선택해 운이 좋았어요.

그러다 우연히 알게 된 금융전문가 한 분이 함부로 투자하다 큰일난다며 충고를 해주어, 고민하다가 돈을 뺐습니다.

★ 상승 추세에 있던 주가가 일시적으로 하락세를 보였다가 다시 상승하는 현상을 말한다.

그 후 5만원, 8만원씩 나던 수익이 다른 종목에서는 20만원의 손해가 되는 것을 지켜보게 되었습니다. 그리고 그때 제가 정말 잘못 투자하고 있었다는 것을 깨달았어요. 거래량이 폭발하고 버블이 끼면서 흔히 말하는 '떡상'할 수 있는 종목을 고른 용기와 그 종목이 '역사에 길이 남을 정도'로 폭풍 성장을 한 우연 탓에 수익을 낼 수 있었던 거죠.

저축과 투자를 병행했기에 정확하게 주식 수익률만 따질 순 없겠지만 수치만 놓고 보면 대출 받은 돈의 두 배가 남았습니다. 결론적으로 수익이 남았기에 2018년 주택을 구입할 수 있었지만, 이제는 하락장에서도 수익을 내는 방법을 찾아야겠다고 결심하게 됩니다.

상승장에도 하락장에도 버티려면 적립식 투자

그렇게 저는 주식 공부를 제대로 해보자는 생각을 하게 됩니다. 상승장에서 수익은 누구나 낼 수 있어요. 불과 몇 년 전 주린이였던 저처럼요. 그러나 하락장에서 어떻게 대처하느냐에 따라서 수익률이 많이 달라집니다. 저는 하락장에서 수익을 내는 사람이 주식시장에서 이기는 것이라고 생각했고, 그때가 오면 자산을 불려보자는 생각을 했어요.

주글라 파동(Juglat's waves)★을 굳게 믿었기에 2018년 이후에 반드시 서브프라임 모기지 사태★★에 준하는 세계경제 침체기가 올 것이라고 생각하고 그때를 대비해 미리 준비를 합니다.

방법은 바로 적립식(정액) 투자입니다. 일정 금액을 정해 놓고 일정한 기간 동안 꾸준히 매입하는 것을 적립식 투자라고 합니다. 분산매매를 꾸준히 하는 것이라고 할 수 있고, 물타기를 전문적으로 한다고 할 수도 있습니다.

이 투자법의 장점은 꾸준히 적금을 넣는 식으로 돈을 모을 수 있다는 거예요. 게다가 그 돈이 푼돈 이자가 아닌 일복리로 불어납니다. 높은 고이율 수익을 볼 수 있는 것이지요. 제 경우는 상승장에서는 한 달에 4~5번, 하락장에서는 4~5개월에 한 번 10%씩 수익을 내고 있습니다. 이런 투자법으로 지금은 강의도 조금씩 진행하고 있습니다.

주식을 공부하면서 오픈채팅방, 주식 전문가, 경제·경영 서적, 재무설계사, 모의투자 등등 사람이든 책이든 가리지 않고 섭렵했습니다. 그렇게 1년이 지났습니다.

★ 8~10년을 주기로 호황, 침체, 파산의 3단계 현상이 반복되는 경기순환을 말한다. 다른 말로는 설비순환이라고도 한다.
★★ 신용등급이 떨어지는 부실대출 계약이 늘어나면서 2008년 전세계적으로 발생한 금융위기를 말한다.

1년간 주식 공부를 집중적으로 한 시간들!

동학개미 군단의 일원이 되다

2019년까지 주식장에 별다른 변화가 없어 이게 과연 하락장일까 혼란스럽던 중, 모두가 잘 알고 있는 코로나발 오일전쟁이 터집니다. 걷잡을 수 없이 빠지는 주가에 많은 사람들이 기겁을 할 때 저는 원래 하던 투자를 계속하며 오히려 투자금을 늘리기 시작했습니다. 수익률이 -50%, -40%로 주저앉았지만, 굴하지 않고 꿋꿋하게 제 투자기준에 맞춰 매일 일정량을 꾸준히 매수했습니다.

물론 저도 -54%를 찍었을 땐 좌절했습니다. 이러다 우리나라가 망하고 나도 망하는 게 아닌가 하는 생각이 들어 매매를 일주일 정도 중지한 적도 있었죠. 이 당시 마음을 다잡을 수 있었던 것은, 극복하지 못하면 아이를 초등학교에 못 보낸다는 절박함이었어요.

그래서 시장분석부터 다시 하기 시작했습니다. 블랙먼데이,★ 서킷브레이커★★ 등 연달아 터지는 미국 뉴스들, 걷잡을 수 없이 퍼져나가는 세계시장 악재들, 대구발 코로나 대규모 감염사태….

'시장이 문제지 종목은 문제가 없고, 나라가 망하면 어차피 다 같이 망하는 거다. 가자!'

이렇게 결심하기가 무섭게 저와 같은 사람들이 대거 나타났습니다. 이름하여 동학개미운동. 증시는 하락을 멈춥니다.

인내의 시간을 보답해 준 주식투자, 종잣돈을 무섭게 불려준 주역!

4월 동학개미운동의 영향으로 끝없이 침체되던 주가가 드디어 바닥을 다지고 스멀스멀 치고 올라오기 시작했습니다. 그 당시 제 계좌 3개 모두 10% 이상의 빨간불이 떴는데, 가장 적은 금액이었던 100~150만원 여행적금도 -54%에서 +11.38%(+123,925원)로 바뀌었어요. 그 이후부터는 계속해서 상승을 보이더니 한 달에 한 번 이상

★ 1987년 10월 19일 월요일 미국에서 발생한 사상 최악의 주가 대폭락 사태에 빗대어 월요일 증시가 대폭락을 맞이할 경우 쓰는 용어다.
★★ 주식시장에서 주가가 급등하거나 급락하는 경우 시장에 미치는 충격을 완화하기 위해서 주식매매를 일시 정지하는 제도를 말한다.

10%씩 수익이 났습니다.

하락장을 무사히 지난 것도 감사한데, 수익까지 안겨준 것이죠. 저는 그제야 주식을 어떻게 해야 하는지 알 것 같았습니다. 동시에 투자의 힘을 절실히 느꼈습니다. 쌩으로 3천만원을 모을 땐 2년 동안 굉장히 고통스러웠는데 주식으로 1억을 모으는 동안은 그리 고통스럽지 않았기 때문입니다. 경제서적들이 외치는 고금리, 복리가 바로 주식이었다는 걸 깨달은 거죠.

2020년 7월에 그동안 모은 돈으로 신축 아파트 30평으로 이사를 하고 이전에 살던 주택과 상가는 월세를 주었습니다. 주식으로 불린 종잣돈이 이제는 부동산을 살 만큼 불어난 것입니다. 주식으로 키운 종잣돈이 월세라는 또 다른 종잣돈을 가지고 왔다는 생각이 드네요.

저는 다시 종잣돈을 모으고 있지만 예전만큼 지치지는 않습니다. 경험을 바탕으로 주식이 전보다 더 빨리 종잣돈을 만들어줄 것이라 믿고 있어서 그런가 봅니다.

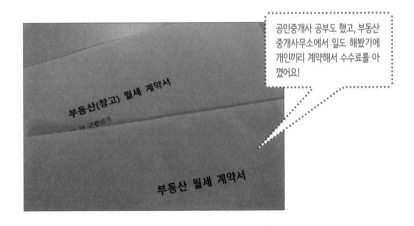

공인중개사 공부도 했고, 부동산 중개사무소에서 일도 해봤기에 개인끼리 계약해서 수수료를 아꼈어요!

✦ 헬로마녀님의 자산 흐름 ✦

2013년	결혼	0원
2015년	월급 150만원으로 3천만원 모으기	3천만원
	모두 시댁 드림	0원
2016년	월급 200만원으로 5천만원 모으기	5천만원
	레버리지 투자	
	재봉공장 창업	
2017년	사기를 당해 폐업 후 빚	
2018년	월급 400만원으로 1억원 모으기	1억원
	적립식 투자	
	내 집 마련	
2020년	월급 330만원으로 대출 5천만원 상환	
	월세 수입	

> 레버리지 투자
> 수익률 70%!

> 적립식 투자
> 수익률 100%!

주부 투자자와 찰떡궁합, MTS

주식투자를 하기 시작하면서 저는 모바일 거래 시스템 MTS★를

★ 모바일 거래 시스템(MTS, mobile trading system)은 스마트폰 등 이동기기로 주식거래를 하는 시스템이다. 홈트레이딩 시스템(HTS, home trading system)은 가정·직장에서 컴퓨터로 주식거래를 하는 것을 말한다.

주로 사용하고 있습니다.

PC로 거래하는 홈트레이딩 시스템 HTS는 컴퓨터를 켜야 해서 아기를 키우며 쉴 새 없이 일이 생기는 주부들에게는 굉장히 불편하더라고요. 제가 월재연 카페에서 진행하는 주식강의에 'MTS 부수기' 챕터를 따로 만들었을 정도로 MTS를 선호합니다.

MTS는 화면이 작아 차트 보는 게 불편하다고 생각할 수 있지만 충분히 볼 수 있답니다. 얼마든지 늘려서 볼 수 있으니 차트 보기에도 편하고, 보조지표들은 입맛대로 골라 조정할 수 있어서 오히려 판단하기 쉽더라고요. 재무제표도 깔끔하게 핵심만 쏙쏙 뽑아서 보기 좋아요. 거래원 역시 복잡한 HTS보다 MTS로 보니 눈에 확 들어오는 효과가 있더라고요.

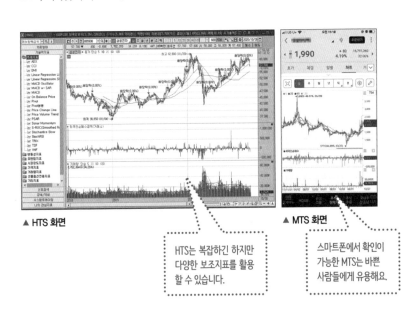

▲ HTS 화면

▲ MTS 화면

HTS는 복잡하긴 하지만 다양한 보조지표를 활용할 수 있습니다.

스마트폰에서 확인이 가능한 MTS는 바쁜 사람들에게 유용해요.

초보 주식투자자라면? 거래량부터 확인하자!

저는 차트를 볼 때 보조지표로 거래량과 외국인 순매수 금액만 설정해 놓습니다. 특히 거래량은 꼭 보셔야 돼요.

예를 들어 망원시장 A전집이 맛집으로 소문이 났다고 가정해 봅시다. 그럼 망원시장에 들른 사람들은 A전집을 가지, 잘 알지도 못하는 B커피숍을 가진 않겠죠? 사람들이 자주 드나드는 곳은 잘 팔리는 집이라는 거예요. 만약 저희가 A전집의 전을 가지고 있다가 A전집이 '재료 소진으로 마감합니다!'라고 외치면 전을 되팔 수도 있겠죠.

여기서 망원시장을 주식시장이라고 한다면 유명하다는 A전집이 바로 유망주입니다. 유망주에 투자를 하면 사람들이 항상 북적이니까 사고 팔기 좋습니다. 즉, 거래량이 많은 종목은 사람들이 많이 몰리기 때문에 사기에도 좋고, 팔기에도 좋다는 이점이 있습니다. 초보 주식 투자자들에게는 사람 많은 종목이 유리하기 때문에 거래량을 꼭 확인하셔야 돼요.

눈 밝은 투자자라면? 가치투자!

다른 투자법도 있습니다. 방금 언급한 망원시장 끄트머리에 위치한 잘 알려지지 않은 B커피숍이요. 우연히 들러서 먹어봤는데 눈이 확 뜨이는 맛이에요. 게다가 구성도 아주 좋고 체계도 잘 갖춰져 있습니다. 홍보만 좀 하면 완전 맛집이 될 것 같은데, 마침 커피숍 새로운 직원이 SNS를 아주 잘하게 생겼다면, 조용히 거기 커피(주식)를 사놓습니다. 혹은 B커피숍 사장님에게 SNS 홍보를 하는 게 어떻겠냐고 말해 봅니다(주주총회에서 의견 피력). 아니나다를까, SNS 홍보를 시작하자마자 발 디딜 틈 없이 사람들로 북적이게 돼요.

그런데 주식은 뭐죠? 한정판이죠. 거래할 수 있는 주식의 양은 정해져 있습니다. 그러니 서로 가지려고 하겠죠. 그럼 제가 미리 사놓은 1,200원짜리 커피를 3,000원에 파는 거예요. 그런데 제가 보유한 커피가 인기가 많아 3,500원, 3,700원, 4,000원 이렇게 가격이 올라가면 큰 이득을 보게 되는 거지요. 이런 투자가 바로 저평가된 우량주 투자, 가치투자입니다. 하지만 이목을 집중받지 않으면 나만 아는 맛집으로 기억하다가 폐업하는 일이 생길 수 있으니 주의하세요!

재무제표는 회사의 가계부!
주식투자할 때 꼭 체크!

재무제표는 주식 관련 뉴스에서 항상 나오는 말인데 주식투자를 해본 저도 어렵기만 하고 도통 뭔지 모르겠습니다. 하지만 주식투자 할 때 꼭 들여다봐야 해요.

다들 가계부 쓰시나요? 회사 가계부가 바로 재무제표라고 생각하면 쉬워요. 그렇다면 중요한 게 뭔지 다들 아시겠죠? 저축하는 돈! 그리고 이 집 자산! 300만원 버는 월급쟁이가 200만원씩 모으고 있다면 대단한 일이지만 3천만원 버는 사람이 200만원 모으고 있으면 한심한 일이죠. 회사 재무도 마찬가지입니다. 남과 비교할 줄 알아야 해요.

박봉인 알바생과 의사를 비교하면 당연히 게임이 안 되니 같은 업종 회사끼리 비교해야겠죠. 예를 들어 게임산업에서 C회사와 D회사가 있다고 가정해 볼게요. C회사원은 월급 200만원에 10만원을 모은다는데 D회사원은 200만원에 150만원을 모으고 있대요. 그렇게 10년이 지나니 C회사원은 작은 시골 마을에 전원주택 하나를 가지고 있고 마티즈를 탄다네요. 반면 D회사원은 명동에 있는 꼬마빌딩도 사고 차도 포르쉐를 타고 있어요. 두 회사원이 모은 돈은 '순이익', 사는 곳과 타는 차는 '자본 총계'를 의미해요. 저축액이 많고 투자를 잘해야 가계가 튼튼해지듯 회사의 재무도 마찬가지랍니다.

MTS를 이용한다고 호가 창만 보고 매수·매도를 하는 건 아니에요. 이렇게 재무제표도 뜯어보고 신중하게 선택한답니다.

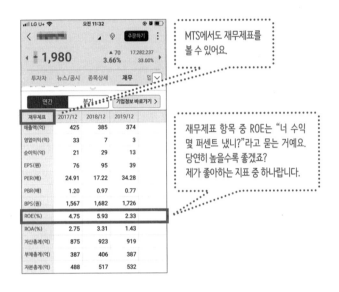

미국시장도 좋고, 환율도 저렴해졌다면?
1년에 4번 배당금 주는 미국 배당주 도전!

굵직굵직한 사건들의 여파로 최근에는 환율이 굉장히 저렴해졌어요. 그래서 미국 배당주 투자라는 새로운 도전을 시작했습니다. 미국주식 중에는 1년에 4번, 심지어 월마다 배당을 하는 주식도 있어요. 게다가 회사 자체도 굉장히 튼튼한 곳이 많습니다. 우리에게 익숙한 존슨앤존슨, 3M 등이 바로 배당킹, 배당귀족이라 불리는 회사들이에요. 얼마 전, 미국의 베이비부머 시대가 은퇴를 맞이하면서 미국의 퇴직연금기관에서 보유 중인 종목들을 대량으로 매도할 것이라는 뉴스가 있었습니다.

어떤 종목을 얼마나 매도할지는 모르겠지만 정말로 대량 매도가 있을 거라고 생각해요. 공급이 수요보다 많아지면 가격이 싸지겠지요? 환율도 저렴하니 환전 수수료 할인까지 꼼꼼히 챙겨 달러를 보유하고 있다가 저평가된 튼튼한 종목이 나오면 투자할 생각입니다. 물론 배당킹으로 불리다가 관련 산업이 사양화되면서 S&P500*에서 퇴출당하는 종목들이 있을 수 있으니 주의해야 합니다.

이번 코로나 사태가 어쩌면 기회가 될 수 있다는 것은 분명해 보입니다. 배당금 위주로 수익구조를 짤지, 워렌 버핏처럼 가치투자 종목을 찾아내 머니 파이프라인을 키울지는 실전에서 겪어보며 목표를 정립해 나가야 할 것 같아요.

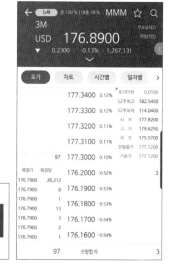

★ S&P500 지수는 국제신용평가기관인 S&P(Standard and Poor's)가 작성한 주가지수를 말한다. 지수 산정에 포함된 종목이 500개다.

✦ 25년 이상 매년 배당금을 올린 미국 기업 ✦

산업	회사명	종목코드	배당금 연속 인상 연수	연 배당률 (2018년 말)	시가총액
제약·헬스케어	존슨앤존슨	JNJ	56년	2.79%	397조원
에너지	엑손모빌	XOM	36년	4.81%	330조원
유통	월마트	WMT	45년	2.23%	302조원
소비재	P&G	PG	62년	3.12%	262조원
통신	AT&T	T	35년	7.15%	236조원
식음료	코카콜라	KO	56년	3.29%	229조원
	펩시콜라	PEP	43년	3.36%	177조원
	맥도날드	MCD	43년	2.61%	154조원
산업소비재	3M	MMM	60년	2.86%	126조원
소비재(담배)	알트리아 (말보로, 아이코스)	MO	49년	6.48%	105조원

▲ 출처 : 《미국 배당주 투자지도》

주식 공부의 기초를 다지자!

성공의 핵심은 마음 다잡기,
적금 대신 적립식 주식투자!

가난과 싸우는 데 에너지를 많이 쓰다 보니 육아우울증, 산후우울증이 정말 심하게 왔어요. 주식은 분명히 우리 가족의 재산을 늘려준 일등공신인데, 남들에게 언급하면 도박했네, 아서라 그러다가 큰일난다, 등의 시선으로 보는 게 너무 부담스럽고 싫어 강사 활동을 하기 전까지는 주식을 한다는 사실을 가급적 숨겼습니다. 심지어 저희 친정아버지는 IMF 때 주식 때문에 안 좋은 결심까지 한 적이 있어서 친정집은 아직도 제가 주식을 하는지 모르고 있답니다.

남들에게 도움받기는커녕 하고 있다는 말도 못하면서 멘탈만 탈탈 털리기 좋은 주식을 부여잡는 일은 쉬운 게 아니지요. 다만 저희는 주식 아니면 안 되는 상황이었어요. 이런 절박함이 단타치기를 시작한 초반에는 독이 되어 조급함 때문에 손실을 본 적이 한두 번이 아닙니다. 이거 아니면 안 된다는 마음이 점점 커지면서 눈물도 내보고 아이 안고 옥상에 올라가보기도 했더니 오히려 냉철해지더라고요.

저는 단타치기 방법은 잘 압니다만 하지 않습니다. 하루 5분만 투자하고 욕심을 최대한 낮춰 평균 한두 달에 한 번 10% 수익을 보는 것에 만족하고 있어요. 매달 똑같은 금액을 정해 적금 넣듯이 매일 주식을 일정량 구입하고, 욕심과 현실 사이에서 정한 수익률(제 경우는 10%)을 목표로 잡습니다. 그리고 딱 그 목표치에 도달하면 미련 없이 수익 실현하고 다시 시작합니다. 요동치는 주식시장에서 이 방법은 성격 급한 제가 멘탈 털리지 않고, 리스크 없이, 그러면서도 경보 같은 잰걸음으로 자산을 불려나가는 좋은 방법인 것 같더라고요.

전문적인 주식투자자가 아니기에 이런 제 방법이 다 옳지만은 않다는 것을 압니다. 하지만 이제 막 주식에 입문하는 분들에게 이런 사람도 있다는 걸 알려주는 정도만 되어도 괜찮다는 생각이 듭니다.

Tip

주식투자 실패의 2가지 원인

월재연 카페의 **투생님**은 투자에 성공하지 못하는 이유는 여러 가지지만, 크게 2가지로 요약할 수 있다고 해요.

1 | 욕심

장기로 투자하며 작고 소소한 변화, 즉 지속 가능한 작은 수익을 꾸준히 얻는 것에 만족하지 않고 한 번에 큰돈을 벌려고 하면 투자는 대부분 실패로 이어집니다. 투자는 100미터 단거리가 아닌 마라톤입니다. 준비나 경험이 충분하지 않은데 큰돈을 투자해 크게 손실을 보면 손실액보다 훨씬 더 많은 수익을 얻어야 본전이 됩니다. 투자수익은 복리로 움직이기 때문이죠. 투자의 고수들이 '잃지 않는 것'에 집중하는 것이 바로 이런 이유입니다. 워렌 버핏같이 기업의 재무상태를 분석할 수 있고, 기업의 가치에 대해 조사할 수 있는 능력이 있느냐고 스스로에게 질문해 보세요.

"No"라면 고수들이 추천하는 인덱스펀드로 수익을 만들면서 스스로를 보호하는 것이 현명한 방법입니다. 인덱스펀드는 우리나라 코스피 지수나 미국의 S&P500 지수 등의 주가지표와 흐름을 같이하기 때문에 주식시장이 잘 돌아간다면 크게 신경쓸 일이 없습니다.

주식시장의 아이큐는 300이라는 말도 있습니다. 대부분의 사람들은 주식시장을 이길 수 없다는 말입니다. 투자는 장기적이고, 스스로 실천하기 쉬워야 합니다.

▲ 미국과 한국의 ETF(출처 : 네이버)

2 | 성급함

어떤 투자가 몇 년간 형편없는 수익을 낼 수도 있지만 투자자산이 가치를 입증할 때까지 최소 3년은 기다릴 수 있어야 합니다. 투자 고수들의 가장 큰 공통점 중 하나는 인내심입니다.

"왜 이것에 투자했나?" 이 질문에 분명히 답할 수 있으면 기다리면 됩니다. 단순한 행동이지만 조급증을 개선하고 목표 달성을 해내는 데 장기적으로 상당한 도움이 됩니다.

적금→펀드→주식,
돈 모으는 속도가 빨라진다!

: 돈사몸 :

열등감 극복하고 1억, 그리고 또 1억 달성!

저와 같이 입사한 동기들 중에 집안이 부유한 친구가 있었습니다. 편의점에서 2,400원짜리 샌드위치를 갖은 방법으로 할인을 받아 1,800원에 구매하던 저와는 달리 파리크라상에서 9,800원짜리 샌드위치를 망설임 없이 구매하던 동기였습니다. 같은 일을 하고, 같이 상사 욕을 하고, 같은 월급을 받는 동기였기에 그와 제 삶에 엄청난 차이가 있다고 느껴지지는 않았습니다.

하루는 그가 남자친구 선물을 사야 하는데 부모님이 돈을 너무 조금 줘서 화가 난다고 말했습니다. 남자친구 선물을 사는데 부모님에게 돈을 받는다고? 깜짝 놀랐지만, 내색하지 않고 얼마를 주셨는지 물어봤습니다. 돌아온 대답은 "백만원. 진짜 짜증나."였습니다. 직장인이 부모님한테 돈을 받는다는 사실도 놀라운데, 무려 백만원을 부족하다고 하다니…. 그때 느꼈습니다. 그 친구와 저는 다른 세상 사람이라는 걸요.

100원, 200원 푼돈을 모으느라 궁색한 저와는 달리 월급을 전부 소비하는 데 쓰고 부모님께 용돈까지 받는 그. 그런데 저를 더 슬프게 한 것은 그 친구는 그렇게 펑펑 쓰는데도 앞으로도 계속 저보다 더 부유할 거라는 생각이었습니다.

처음에는 사회가 불공정하다는 생각에 화만 났습니다. 이렇게 거지같이 푼돈 모아서 뭐하나, 어차피 금수저들 발끝도 못 따라가는 것 아니냐 하는 생각이 머릿속을 떠나지 않았습니다. 1억 종잣돈을 모으기까지 그런 마음이 수십 번은 찾아왔습니다. 하지만 사회가 불공정하다고 해서 제 삶을 놔버릴 수는 없었습니다. 독하게 마음을 먹은 저는 4년 5개월 만에 1억을 모았고, 1년 9개월 만에 또다시 1억을 모을 수 있었습니다.

안전한 예적금? 원금(만) 안전하게 돌려드립니다

2014년, 입사 후 처음 100만원짜리 적금을 가입할 때만 해도 저는 아주 뿌듯했습니다. 한 달에 100만원씩 열심히 저축하고 모으면 차도 사고, 집도 사고, 부자가 될 수 있겠지! 그러나 이는 큰 착각이었습니다. 예전과 달리 예적금에 붙는 이자가 크지 않다는 걸 간과한 거죠.

　이때의 저는 주식은 패가망신의 길이고, 펀드 권유자는 사기꾼이며, 예적금만이 안전하다고 믿었습니다. 그 당시에는 비대면으로 통장을 개설하는 것이 불가능했기 때문에 지하철을 타고 여의도까지 가서 상대적으로 이율이 높았던 웰컴저축은행 통장을 개설했습니다. 은행마다 높은 이자 혜택을 제공하는 금액이 정해져 있었기에 2금융권 은행들(웰컴저축은행, 신협, 새마을금고 등) 중 가장 조건이 좋은 은행을 골라 통장을 개설하고 적금을 늘려갔습니다.

▲ '돈사몸'님의 적금 사진

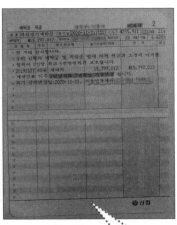

▲ '돈사몸'님의 예금 사진

예적금은 안전하지만
돈을 불려주지 않아요

물론 요즘 같은 제로금리 시대에 적금을 하는 사람은 바보라는 말도 있고, 물가상승률을 고려하면 이자가 마이너스라는 것도 잘 알고 있습니다. 그러나 어느 정도 현금을 보유해야 심적으로 안정이 되기에 지금은 금액을 많이 줄여서 매달 자동이체로 150만원씩 꾸준히 적금을 넣고 있습니다. 현재 예적금으로 묶인 금액은 약 3천만원입니다.

정기예금은 한번 넣으면 1년 동안 아무 공부도 하지 않아도 되고, 리스크도 감당할 필요가 없습니다. 반면에 투자를 하려면 끊임없이 공부를 해야 하고 위험도 감수해야 합니다. 안전하니까 예금에 넣는다고는 하지만, 귀찮음과 위험을 피하기 위한 핑계일 뿐입니다. 무작정 예적금만 들었던 시기를 생각해 보면 매달 적립식으로 펀드나 주식을 했으면 참 좋았을 텐데, 후회가 되기도 합니다. 이랬던 제가 예금을 깨기 시작한 건 2019년부터입니다.

적금은 기본으로, 주식은 그 다음에!

처음 펀드와 주식을 시작했을 때는 소액이었기 때문에 아무리 수익률이 좋아도 돈이 불어나는 것이 쉽지 않았습니다. 10만원을 투자하면 수익률이 10%여도 만원이니까요. 하지만 1천만원, 1억을 넣는

다면? 수익률이 5%만 되어도 50만원, 500만원이 됩니다. 그래서 저는 적금과 예금으로 모은 종잣돈을 펀드와 주식에 넣고 조금씩 금액을 키워가면서 투자해, 돈을 불려나갔습니다.

지금 예적금으로 보유하고 있는 금액은 만기가 되어 펀드와 주식에 투자한 돈을 제외하면 3천만원입니다. 제 자산에서 13%를 차지하고 있네요. 주식은 현재 보유하고 있는 종목은 마이너스지만, 다행히 익절한 것까지 포함하면 최종 수익률은 플러스가 나옵니다.

✦ 돈사몸님의 종잣돈 포트폴리오 ✦

| 1단계 | 적금 |

▼

| 2단계 | 적금 + 예금 + 펀드·주식 소액 |

▼

| 3단계 | 적금 + 만기된 예금 → 펀드·주식 증액 |

▼

| 4단계 | 적금 + 펀드·주식 |

종잣돈 만들기가 우선이에요!

✦ 돈사몸님의 자산 비중 ✦

종류	금액	비중
적금	14,650,000원	13%
예금	15,797,012원	
주택청약저축	3,800,000원	1.6%
해외펀드	84,531,245원	51%
해외주식	37,350,950원	
국내주식	74,378,200원	31.5%
연금펀드	7,531,567원	3.15%
합계	(세전) 239,038,974원	100%

연금펀드, P2P, 해외 비과세 펀드로 배운 투자 공부

1 | 연금펀드(2017년 12월~현재)

연금펀드는 젊을 때 적립해 둔 금액을 55세 이후에 연금 형태로 지급받을 수 있는 펀드입니다. 총급여액이 연 5,500만원 이하면 매년 최대 400만원의 세액공제 혜택을 받을 수 있는 것이 가장 큰 혜택입니다. 연간 400만원을 납입했다면 연말정산 때 16.5%를 세액공제 받을 수 있는 것이죠. 대신 55세 이전에 연금펀드를 환매하면 그동안 받은 세금혜택을 모두 토해내야 합니다.

총급여	연말정산 세액공제율	연 400만원 납입 시 최대 환급액
5,500만원 이하	16.5%	66만원
5,500만원 이상	13.2%	52만 8천원

강력한 세제혜택은 국가가 개인의 노후자금 마련을 적극 권장한다는 의미로 해석할 수 있습니다.

연금펀드가 뭔지도 몰랐던 2017년, 월급쟁이 사회초년생은 꼭 들어야 하는 것이라고 해서 12월에 급하게 400만원을 넣었습니다. 그런데 나중에 계산을 해보니 1년에 400만원, 1달에 대략 33만원을 넣는 것이 저에게는 큰 부담이었습니다. 종잣돈 1억을 모으는 것이 당장 급한데, 연금펀드를 수령할 수 있는 나이는 55세이니 더욱 멀게만 느껴지기도 했습니다.

하지만 연금펀드는 저에게 큰 가르침을 준 상품이었어요. 당장 만질 수 있는 돈이 아니라 투자 비중을 더 늘려갈 생각은 없지만, 연금펀드의 수익률을 보고 장기투자하는 펀드의 힘을 이해하게 된 것이죠. 2020년 현재 연금펀드는 25%의 수익률을 내고 있습니다.

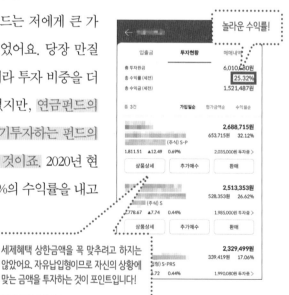

놀라운 수익률!

세제혜택 상한금액을 꼭 맞추려고 하지는 않아요. 자유납입형이므로 자신의 상황에 맞는 금액을 투자하는 것이 포인트입니다!

2 | P2P(2016년~2019년)

저는 다양한 방법으로 금융상품 투자를 하고 있고, 그 가운데 P2P도 있습니다. P2P란 Peer to Peer의 줄임말로, 대출이 필요한 개인·기업(대출자)이 은행이 아닌 온라인 플랫폼을 통해 투자자의 돈을 조달받는 금융직거래 서비스입니다. 불특정 다수의 사람들이 돈을 모아서 개인·기업에 투자하는 일종의 크라우드 펀딩인 것이죠. 은행예금보다 높은 이자를 받길 원하는 사람들과 돈이 필요한 사람을 연결해 주는 것입니다.

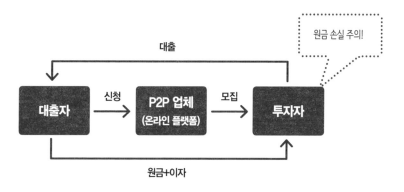

P2P 초창기에는 수강 신청하듯이 오픈 시간에 땡하고 들어가도 투자를 못할 정도로 경쟁률이 심했고, 수익률도 괜찮은 편이었습니다. 수익률이 10%가 넘을 때도 있었고 공연관람권이나 외식상품권 등을 추가 리워드로 제공하기도 했습니다.

하지만 시간이 지나면서 연체와 부실이 나타나고 파산하는 경우까지 생기기 시작했습니다. 저는 나름 안전주의자라 A, B등급 위주로 투자를 했는데도 그랬습니다.

P2P투자 시 주의할 점은, 당연한 말이지만 원금 손실이 있을 수 있다는 점입니다. 'A등급 = 안전 = 손실 가능성 없음'이라고 잘못 생각해서, 제대로 공부하지 않고 투자한 저 자신에 대한 후회가 가장 컸던 것 같습니다. 투자한 돈을 잃었을 뿐 아니라 그 사이에 놓친 기회비용까지 생각하면 더 큰 손실이 있었던 것 같습니다.

그나마 다행인 건, 손실만 있었던 건 아니라는 겁니다. 이런 경험을 발판으로 다른 투자에서는 더욱 주의할 수 있었습니다.

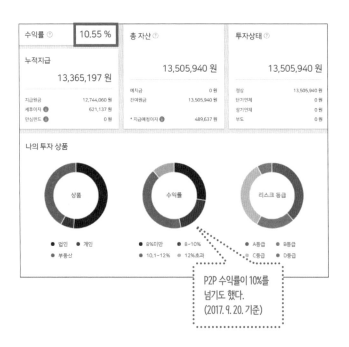

P2P 수익률이 10%를 넘기도 했다.
(2017. 9. 20. 기준)

시간이 지나며 손실이
발생했다.

결국 회수하지 못한
금액이 생겼다.

P2P 투자가 필요한 사람은 누구일까? P2P 투자처 종류!

1 | 개인 - 신용대출형

대출자의 직업, 신용등급, 월수입과 지출 등을 P2P업체 나름의 기준으로 평가해 일정 요건에 부합하면 투자자를 모집합니다. 부동산 구입비용, 결혼비용, 급한 병원비 등 대출 이유는 다양합니다. 대출자가 파산신청을 하여 승인되는 경우 남은 원금을 거의 돌려받을 수 없습니다.

2 | 기업 - 투자형

기업의 수익성(매출)을 분석하여 기업을 대상으로 대출을 실행합니다. 정도의 차이는 있지만 기업은 기본적인 월매출이 있어 투자 시 참고해 볼 수 있습니다. 리워드(그 기업의 외식상품권, 공연관람권, 제품 등)를 제공해 쉽게 투자에 현혹됩니다. 역시 기업이 파산신청을 하여 승인되는 경우 남은 원금을 거의 돌려받을 수 없습니다.

3 | 부동산 담보형

부동산 담보형 투자는 부동산을 담보로 투자가 이루어지기 때문에, 부실채권 발생 시 담보권을 매각하거나 경공매 등을 통해 원금을 일부 보호받게 됩니다. 하지만 후순위 채권인 경우에는 역시 원금손실 위험이 있습니다.

저는 개인 신용대출형은 '렌딧', 기업 투자형은 '8퍼센트', 부동산 담보형은 '테라펀딩'을 주로 이용했습니다. 개인 신용대출형의 경우 렌딧 자체 평가 등급인 LD1~4등급에 주로 투자했고, 기업 투자형은 병원 등 수익이 좋아 보이는 기업 중 A~B등급에 주로 투자했습니다. 부동산 담보형 역시 A등급에 주로 투자했고요. 현재 수익률은 다음과 같습니다. 상품마다 들쭉날쭉하지만 예적금 수익률에 비해서는 높습니다.

▲ 렌딧 – 개인 신용대출형　　▲ 8퍼센트 – 기업 투자형　　▲ 테라펀딩 – 부동산 담보형

개인 신용대출
대표상품

기업 투자
대표상품

부동산 담보
대표상품

3 | 해외 비과세 펀드(2017년 10월~2019년 12월)

해외 비과세 펀드는 해외투자를 활성화하기 위해 2016년에 도입된 펀드입니다. 아쉽게도 2017년까지만 신규가입이 가능했던 펀드라 현재는 가입이 안 됩니다. 해외주식에 60% 이상 투자하는 펀드에는 매매 차익과 환차익에 대한 세금을 비과세하는 혜택이 있었습니다.

이 펀드는 '지금이 마지막 기회'라고 언론에서 한창 떠들던 2017년 10월에 부랴부랴 매수했습니다. 그 당시 펀드슈퍼마켓(현재는 한국포스증권)에서 사람들이 가장 많이 사는 것과 투자가치가 높아 보이는 것을 비교하고 고민한 후에 매수를 했습니다. 해외 비과세 펀드 카테고리에서 ① 수수료가 높지 않은 것, ② 3년 수익률이 높은 것, ③ 위험도('다소 높은 정도의 위험')를 주로 알아보고 비교 분석해 선택했습니다.

제가 가입한 해외 비과세 펀드는 이후 +20%까지 상승하기도 했고 -30%까지 하락하기도 했습니다. 이런 변동을 겪은 후 '2020년에 세계경제가 대폭락할 것'이라는 위기설이 나돌던 2019년 12월 10% 정도의 수익을 얻고 모두 환매했습니다.

사실 2년에 10% 수익률은 그다지 높은 수치가 아닙니다. 그러나 예적금으로 1~2%의 이자만 받던 저에게 10%라는 숫자는 새로운 의미로 다가왔습니다.

이 펀드를 환매할 때 큰 실수를 한 게 있습니다. 앞으로 이 펀드 수익률이 어떻게 되는지 지켜보며 펀드를 계속 공부하기 위해, 주식처럼 한 주만 남기고 팔자라는 생각을 했고, '1'을 남기고 모두 팔았습니다. 그런데 알고 보니 그 1은 한 주가 아닌 1원이었습니다. 지금도 그 1원짜리 해외 비과세 펀드를 제 펀드 투자 시작의 기록으로 가지고 있습니다.

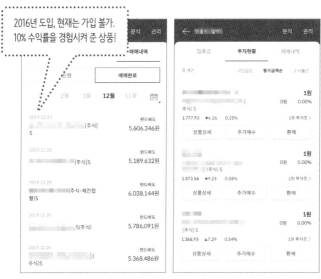

▲ 2019. 12. 환매 내역   ▲ 환매 후 1원만 남은 펀드 내역

저는 국내, 해외 펀드를 매수할 때 수수료가 가장 저렴한 한국포스증권을 이용합니다. 펀드는 판매방식에 따라 펀드 이름의 맨 뒤에 클래스라는 것을 표기합니다. 클래스는 크게 A, C, E, S형으로 나눌 수 있는데, 한국포스증권은 국내에서 유일하게 S클래스 펀드를 판매

합니다. S클래스 펀드의 평균 수수료는 0.28~0.3%대로, 동일 펀드를 가입할 때 가장 비용이 저렴합니다.

국내 유일
S클래스 펀드 판매!

▲ 한국포스증권(http://www.fosskorea.com/)

클래스	설명
A	최초 가입 시 선취판매수수료를 받지만 연간 판매보수가 낮은 펀드
C	선·후취 수수료를 받지 않는 대신 연간 판매보수가 높은 펀드
E	인터넷을 통해서만 가입 가능한 온라인 펀드
S	한국포스증권에서만 가입 가능 선취수수료가 없고 연간 판매보수도 1/3 수준

가장 저렴한 펀드 수수료는
S클래스!

펀드 수수료가 아까워질 무렵, 주식투자 시작!
주식 초보자는 관심종목 1주부터!

펀드 투자를 하면서 수수료가 아깝다는 생각이 들었습니다. 또한, 펀드는 매수·매도에 시간이 걸리기 때문에 그때그때 대응하는 것이 불가능하고, 개설하고 1년이 지나야 수수료가 없어지는 등의 단점도 있습니다. 이를 극복하기 위해 주식을 시작했습니다.

현재 투자금은 국내주식 7,500만원, 해외주식 3,700만원 정도입니다. 5만원만 마이너스가 되어도 벌벌 떨던 제가 몇 천만원을 투자하게 될 줄은 몰랐습니다. 제가 드리고 싶은 말은 "해보세요."입니다.

사실 공부를 다 마치고 시작하면 가장 좋겠지만 저는 게으르기도 하고 똑똑하지도 않아서 그게 쉽지 않더라고요. 누가 좋다는 주식이든, 아니면 책에서 본 주식이든 일단 한 주를 사보세요. 한 주라도 가지고 있으면 그 회사에 대해 연구도 해보게 되고, 갑자기 5% 상승하거나 하락하면 이걸 팔아야 하나 더 사야 하나 고민하면서 자연스럽게 공부하게 됩니다.

▲ 국내주식 잔고

▲ 해외주식 잔고

내 집 마련을 위하여!
그래도 미래를 위한 청약저축은 필수!

2030세대는 가점이 낮아 청약당첨은 로또만큼 어렵지만, 그래도 청약통장에 매달 10만원씩 넣고 있습니다. 내 집 마련 방법 중 제일 현실적인 방법이라고 생각하기 때문입니다. 유지하는 데 엄청난 비용이 드는 것도 아니라서, 준비하고 있다가 언젠가 기회가 오면 잡을 생각입니다. 청약통장을 없애는 것은 당첨될 기회조차 없애버리는 것이기도 하니까요.

사람마다 차이는 있겠지만 청약통장 납입금액은 10만원이 좋다고 생각합니다. 그 이유는 공공주택 청약 시* 청약 가점이 동점인 경우 저축 총액이 많은 사람이 유리한 경우가 있기 때문입니다. 쉽게 말해서 5년 동안 월 2만원씩 넣은 사람이 2년간 월 10만원씩 넣은 사람보다 후순위가 될 수 있습니다. 어떤 주택이냐에 따라 저축 총액이 조건에 들어가지 않는 경우도 있지만, 저축 총액을 보는 경우도 있기 때문에 저는 한 달 최대 인정금액인 10만원을 납입하고 있습니다.

★ 민간건설사가 분양하는 주택과 반대되는 개념으로, 한국토지주택공사와 지방자치단체에서 지원받은 주택도시기금으로 분양하는 주택이다.

납입 기한(A)	5년(60개월)	2년(24개월)
납입 금액(B)	2만원	10만원
총액(AxB)	120만원	240만원

청약 가점이 동점이면 저축 총액이 많은 사람이 유리할 수도 있어요!

물론 소득이 적은데 무리해서 10만원씩 납입하다 주택청약통장을 중도에 해지해야 하는 더 최악의 상황이 생기면 안 되니, 본인의 상황을 잘 고려해서 판단하세요.

책과 월재연을 멘토로 삼아 성장

"저는 안전주의자라 투자를 못하겠어요. 원금보장이 되는 예적금만 할래요." 이 말은 제가 사회초년생이었을 때 투자를 권유하던 사람들에게 가장 많이 한 말입니다. 그러나 지금은 이 말이 "저는 계속 가난하게 살래요."라는 말로 들립니다.

제가 이렇게 성장할 수 있었던 것은 공부와 멘토 덕분입니다. 재테크에 대해 전혀 몰랐던 금융문맹이었지만 공부를 통해 조금씩 재테크 지식을 쌓게 되었습니다. 그러나 이런 지식을 알고만 있고 활용할 줄 몰랐던 안전주의자, 프로 고민러, 실행력 제로, 새가슴이었어요. 실제로 투자를 할 수 있도록 영향을 준 것은 멘토였습니다. 그리고 그 멘토는 바로 월재연 회원들이었습니다.

　부유한 환경의 아이들은 멘토가 아주 가까운 곳(부모님, 친척, 이웃 등)에 있기에 더 큰 꿈을 꾸고, 조언도 듣고, 실패하면 그들이 올바른 길로 이끌어주기도 합니다. 반면 이런 금수저들과 달리 주위에 롤모델도 없고, 조언해 줄 사람도 없고, 한번 실패하면 도와줄 사람도 없는 흙수저들에게 재테크는 쉽지 않은 일입니다. 제가 그랬으니까요.

　하지만 월재연에 가입하고 나서는 회원님들이 아끼는 것을 보고 '아, 나도 허리띠를 더 졸라매야겠다' 다짐하고, 앱테크 현금화 인증 글을 보고 '나도 한번 해볼까' 하게 되고, 주택청약을 얼마 넣는 게 좋으냐는 질문을 보고 저도 덩달아 10만원을 넣게 되었습니다.

　P2P, 연금펀드, 해외 비과세 펀드, 주식…. 전부터 다 알고는 있었지만, 저를 실행하게 만들어준 것은 월재연 회원들의 인증글, 질문들이었습니다. 주위에 도와줄 사람 하나 없는 저 같은 분들은 책과 월재연을 멘토로 삼고 시작하면 좋지 않을까 생각합니다. 여러분의 투자를 응원합니다!

최고의 멘토 월재연!

Tip

강남3구에서 가장 많이 사는 펀드가 궁금하다면?

한국포스증권 앱을 설치한 후, 비대면으로 계좌를 개설하면 바로 펀드를 매수할 수 있습니다.

펀드 투자가 처음이라 어떤 펀드가 좋을지 고민되신다면, 한국포스증권에서 제공하는 다양한 데이터들을 활용하는 것도 괜찮은 방법입니다. 서울 강남3구에서 가장 많이 매수한 펀드, 평가등급 우수 펀드, 나와 같은 연령대가 가장 많이 보유한 펀드 등 다양한 데이터를 제공하고 있으니 참고해 도움을 받아보세요.

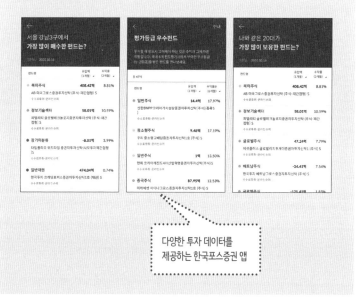

다양한 투자 데이터를
제공하는 한국포스증권 앱

연봉 3천 싱글 직장인, 5년 만에 1억 모아 아파트 구입 : 마이구미1 :

철부지 중학생, 부자 되기로 결심하다! : 젊은 자유 :

욜로 청산! 치열한 공부 끝에 다주택자 등극! : 호치s :

100,0

월급만으로 부족해②
부동산 투자로
1억 돌파기

105

연봉 3천 싱글 직장인, 5년 만에 1억 모아 아파트 구입

: 마이구미1 :

첫 월급 120만원, 비교는 이제 그만!
내 상황에 집중하자

저는 2015년 자본금 0원에서 출발해 2020년 현재 순자산 1억 이상 달성했습니다. 직장생활은 6년차로, 1년차 땐 연봉이 2,500만원 정도였고, 지금은 3,100만원 정도입니다. 저는 1억을 모은 이야기를 하기에 앞서서 남과 비교하지 말라는 말부터 해드리고 싶어요.

살다 보면 주식으로 돈 많이 번 지인, 명품 척척 사며 돈 잘 쓰는 친구, 경제적 상황이 비슷하다고 생각했는데 차도 사고 집도 사고 다 하는 직장동료를 만나게 돼요. 이런 사람들을 만나면 나 자신이 초라해 보이고, 내가 하는 재테크나 돈 모으기는 더뎌 보입니다. 또 주식은 사는 족족 왜 이렇게 떨어지는지.

그런데 알고 보면 주식으로 돈을 많이 번 사람은 마이너스가 더 많을 수도 있어요. 플러스난 것만 이야기한 것일 수도 있죠. 돈 잘 쓰는 친구는 씀씀이가 헤퍼서 카드값에 허덕이고 있을 수도 있습니다. 나랑 비슷하다고 생각했던 직장동료가 사실은 진짜 금수저일 수도 있죠.

다시 말해 겉보기만큼 그렇게 화려하지 않을 수 있다는 거고, 혹은 진짜 타고난 게 많은 거라면 나와 태생이 다른 사람인 것이니 쿨하게 인정하고, 내 상황에 집중해서 내 미래를 잘 꾸려가는 게 중요하다는 것입니다.

제가 받은 첫 월급은 120만원 정도였습니다. 너무 적다고 느꼈지만 별생각 없이 1년 넘게 보냈어요. 그러다 우연히 자본주의에 대한 콘텐츠들을 접하게 되면서 월급만 모아서는 진정한 내가 없이 쳇바퀴 돌듯이 사회의 부품으로 살겠다는 생각이 들었어요.

처음에는 절망했습니다. 120만원대 월급을 받아서 집은 언제 사고, 차는 언제 살지, 과연 이 사회에서 중산층으로 살 수 있을지 걱정스러웠습니다. 이런 생각들이 꼬리를 물다가 종잣돈을 모아서 근로소득이 아닌 자산소득을 가져야겠다는 생각을 하게 되었습니다.

보험, 교통, 통신비부터 줄여보자

돈을 모으려면 지출통제가 필수죠. 소득에서 소비를 뺐을 때 1원이라도 남아야 저축이 가능하니까요. 지출통제를 위해서는 일단 본인의 씀씀이를 알아야 합니다. 내가 어디에 얼마나 쓰는지는 가계부를 몇 개월 써보면 보입니다.

경조사비나 세금 같은 비정기지출은 줄이기가 힘들어요. 그렇다면 효과적으로 줄일 수 있는 것은 고정지출(보험)과 변동지출(교통, 통신비)인 자잘한 소비들입니다.

✦ 지출의 구분 ✦

① 고정지출 : 공과금 등
② 변동지출 : 생활비
③ 비정기지출 : 경조사비, 의료비 등 돌발지출

> 고정지출과 변동지출을 줄이는 게 지출통제의 첫걸음!

일단 고정지출 항목인 보험부터 살펴봤습니다. 직장에 들어가서 가입한 저축형보험이 있었어요. 월재연 보험상담 게시판에 보험증서를 찍어 올렸습니다. 이를 통해 이 보험이 사실은 만기 시 아주 일부만 환급되는 환급형 종신보험이라는 것을 알게 되었습니다. 게다가 당시 26세 미혼여성이었던 제가 종신보험으로 매달 8만원 이상 지출하는 건 무리라는 답변이 달렸습니다. 조언을 듣고 곰곰이 생각해 본 후 저 역시 연령과 상황에 맞지 않는 보험이라고 판단해 해지했습니다. 그렇게 8만원 이상의 돈을 더 저축할 수 있었어요.

▲ 월재연 보험상담 게시판

또 변동지출의 큰 부분을 차지하는 것으로 통신비가 있죠. 이 세상에 통신사가 3곳만 있는 줄 알았던 저는 한 번도 7만원 이하의 요금을 내본 적이 없어요. 심지어 무제한도 아니었는데 말이죠! 그러던 어느 날, 알뜰폰을 통해 통신비를 할인받을 수 있다는 정보를 듣게 되었어요. 그 전까지는 알뜰폰이 노인들이 주로 쓰는 글자가 큰 핸드폰인 줄 알았는데 아니더라고요. 알뜰폰은 우리가 잘 아는 통신 3사(KT·SK·LG)가 아닌 다른 사업자를 사용하며, 기존에 쓰던 핸드폰을 그대로 이용하면서 유심만 바꿔 쓰는 거예요. 통신3사의 통신망을 그대로 이용하면서요.

저는 망설임 없이 CJ헬로모바일의 전화, 문자, 데이터 무제한 33,000원 요금제로 변경했어요. 약정도 없고, 부가세 포함 가격입니다. 게다가 제휴카드를 사용하면 최대 2만원 할인이 돼 2만원대에 이용할 수 있었습니다. 그렇게 7만원에서 2만원으로 무려 월 5만원이나 아낄 수 있었어요.

> 알뜰폰을 사용하고 2만원대 통신비를 낼 수 있었어요!

▲ 알뜰폰 요금을 낮춰주는 제휴카드

그 다음으로, 변동지출 액수를 미리 정해 놓고 그 범위 안에서 씁니다. 처음부터 금액을 확 줄이면 금방 포기할 수 있으니 차근차근 줄여나가는 것도 방법이에요. 저는 60만원, 55만원, 50만원… 이런 식으로 해서 2020년 9월 기준으로 24만원까지 줄였습니다.

이렇게 지출통제를 한 금액은 무조건 저축했습니다.

종잣돈 모으면서 부자 정신 배우는 법

제일 처음 120만원대 월급일 때도 60만원을 저축했습니다. 이자를 1원이라도 더 주는 곳을 찾기 위해서 매일 밤 인터넷을 뒤져가며 정보를 찾곤 했습니다.

사람마다 생각하는 종잣돈의 금액은 다르겠지요. 그 시간 동안 돈 모이기만을 기다리면 지치기도 하고 회의감도 많이 듭니다. 저는 이 시기에 스스로를 다지기 위해서 투자 공부를 시작했어요.

물론 투자로 돈을 불릴 생각을 하기 전에 저축하는 습관을 먼저 들여야 한다고 생각해요. 저금리 시기에도 저축하는 습관은 꼭 필요하다고 봅니다. 저축을 한다는 건 만기를 기다리는 인내심과, 만기를 채웠을 때의 성취감, 그리고 저축하는 기간 동안 공부할 시간을 가질 수 있다는 점에서 사회초년생들에게 꼭 필요하다고 생각합니다. 요즘 같은 저금리 시대에 누가 저축하냐, 주식해라 같은 말을 많이 들으실 텐데 처음에 내 돈을 지키려면 저축을 하셨으면 좋겠어요.

부자들은 작은 돈도 소중히 여긴다고 합니다. 저축 이자를 푼돈이라고 생각하겠지만, 그 이자가 모이는 시간을 귀하게 여기고 가치 있게 쓰면 부자 정신을 배울 수 있어요.

저는 종잣돈의 기준을 3천만원으로 잡았지만 1천만원도 채 안 모인 시점부터 강의를 들으러 다녔어요. 주로 부동산 강의를 들으러 다녔는데 실제로 투자를 하기엔 너무 이른 상태였죠. 그러나 강의를 들으면서 접한 사람들의 열정과 경험, 인생을 대하는 태도를 통해 배운 것이 훨씬 많았던 값진 경험이었습니다. 그렇게 2년의 시간을 보냈어요.

부동산 투자는 자산을 불려준 일등공신

저는 부동산 전문 투자자가 아니기 때문에 자세한 설명을 하기는 어렵지만, 부동산 투자에 입문하는 분들을 위해서 제가 했던 부동산 공부법을 말씀드릴게요.

✦ 마이구미1님의 부동산 공부법 ✦

1단계 | 투자 케이스 간접 경험

▼

2단계 | 나에게 맞는 투자 및 투자금 설정

▼

3단계 | 부동산시장 흐름의 이해

▼

4단계 | 온라인으로 자료 조사

▼

5단계 | 현장 답사

1단계 | 투자 케이스 간접 경험

요즘에는 마음만 먹으면 시간과 장소에 구애받지 않고 언제든지 부동산 공부를 할 수 있어요. 바로 유튜브와 팟캐스트를 통해서요. 저는 지금은 종영된, 2017년에 방영한 '부동산 클라우드'라는 팟캐스트를 첫 회부터 끝까지 들으며 부동산에 대한 감을 익혔습니다. 책도 10권 이상 읽었어요. 물론 책은 각종 규제에 실시간 대응이 안 돼 시의성이 없다고 여길 수 있지만 기본 원리를 익힌다고 생각하며 읽었습니다.

▲ '부동산 클라우드' 팟캐스트

2단계 | 나에게 맞는 투자법 및 투자금 설정

부동산 투자는 크게 수익형과 시세차익형으로 구분할 수 있고, 각각 아파트, 오피스텔, 빌라, 상가, 토지 등으로 세분돼 갈래가 아주 많습니다. 무턱대고 투자를 하기보다는 내 상황과 성향에 맞는 투자법을 찾아보는 게 우선이에요. 저는 초보 투자자였기 때문에 세입자가 바뀔 때마다 수리를 해줘야 하는 게 부담스럽게 느껴졌어요. 그래서 월세보단 집 관리에 부담이 크게 없는 전세 투자가 적합하다고 생각하고, 목표 투자금 3천만원을 가지고 건축연한 10년 이내의 집들을 찾았어요.

3단계 | 부동산시장 흐름의 이해

부동산시장은 분위기가 자주 바뀝니다. 특히나 부동산 관련 대책들이 쏟아져 나오는 요즘 같은 시기엔 더하죠. 저는 KB부동산 통계를 항상 주시하고 있어요. KB 리브온 통계에서 매주 주간 시계열을 발표하는데, 지난주 대비 매매가격, 전세가격이 얼마나 변했는지 알수 있죠. 가장 중요한 건 꾸준함이에요. 최소 6개월 정도 매주 빼먹지 않고 지켜보면 흐름이 눈에 들어올 거예요. 그 흐름만 따라가더라도 실패 확률을 줄일 수 있다고 생각합니다.

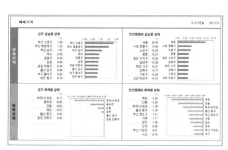

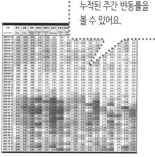

누적된 주간 변동률을 볼 수 있어요

▲ 일주일간 매매가격 상하위 10개(11월 9일 기준)

▲ KB 리브온 주간 시계열

4단계 | 온라인으로 자료 조사

사실 가장 확실한 방법은 현장에 가보는 것인데 직장인들에게는 쉽지 않은 얘기죠. 대신에 저는 집 근처나 회사 근처 등 익숙한 지역의 아파트 가격을 찾아보며 시세변동을 파악했습니다. 거래량도 놓치지 않으려고 신경썼고요. 가장 많이 이용한 앱은 네이버 지도를 기반으로 해서 아파트값이 쭉 표시되는 '호갱노노'예요. 비슷한 앱이 굉장히 많으니 각자 가장 편한 앱을 선택하면 됩니다. 처음에는 매매가 위주로 보다가 나중에는 전세가도 챙겨보면서 매매가 대비 전세가 차이를 익혀나갔어요.

▲ '호갱노노' 앱

5단계 | 현장답사

어느 정도 부동산에 대한 공부
가 됐다면 직접 현장답사를 가봅니
다. 현장답사를 다른 말로는 임장
이라고도 하죠. 임장을 나갈 땐 가
격만 볼 게 아니라 학군, 교통, 직장
등의 정보를 미리 익힌 후 가는 게
좋습니다. 이렇게 현장답사를 다녀
오면 훨씬 더 기억에 오래 남아요.

현장답사를 해봐야
부동산 공부를 제대로
해봤다고 할 수 있어요.

운이 좋았던 부동산 첫 투자

부동산 공부를 하면서 여러 지역을 살펴보던 저는 2018년 가을,
한 지역에 임장을 가게 됩니다. 이곳은 전세가는 계속 오르는데 매
매가는 거의 변동이 없었어요. 전세가와 매매가 차이가 고작 3천만
원 정도였죠. 게다가 건물이 딱 10년차이고 초등학교가 바로 앞에
있어 제가 고려하던 조건에 딱 맞는 곳이었어요.

빠르게 계약을 하고 잔금일을 매도자가 수용해 줄 수 있는 최대
기간으로 늘려 잡았어요. 그리고 그 사이에 전세 세입자를 구했죠.
이렇게 해서 추가로 부담하는 비용 없이 첫 번째 부동산 투자가 이루

어졌습니다.

2년이 지난 지금 이 아파트는 1억 5천만원 이상 올랐습니다. 투자금 대비 수익률이 무려 500%입니다. 솔직히 첫 투자는 제 실력이기보다는 운이 좋았다고 생각합니다. 하지만 첫 부동산 투자를 하기까지 2년이 넘는 시간 동안 종잣돈을 모으며 부동산에 계속 관심을 갖고 실천하지 않았다면 이런 운조차 경험하지 못했겠죠.

모든 투자에는 위험이 따릅니다. 저는 이 아파트가 첫 투자였기 때문에 전세가 안 나가거나 집값이 오르지 않을 경우 담보대출을 받아 실입주할 생각으로 매수를 했습니다. 최악의 위험까지 생각했기에 안정된 투자로 이어질 수 있었던 거죠.

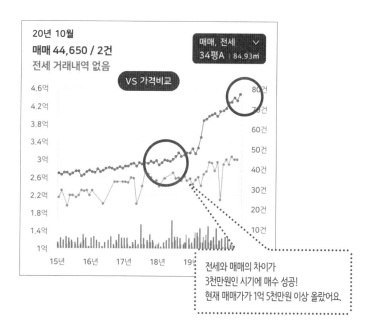

전세와 매매의 차이가
3천만원인 시기에 매수 성공!
현재 매매가가 1억 5천만원 이상 올랐어요.

부자가 되고 싶은 이유는 '행복'

서두에서 언급한 주식으로 큰돈 번 사람, 명품 사는 친구, 금수저 직장동료는 사실 저도 많이 부러워했어요. 그런데 그 사람들이 제 인생을 살아줄 것도 아니고, 제가 그 사람들의 인생을 살 것도 아니니까 저에게 주어진 이 시간을 값지고 소중하게 쓰는 게 더 중요하다고 생각했어요. 이렇게 생각을 바꾼 후로 남들과 비교하지 않고 저와 제 소중한 사람들에게 집중하면서 더 행복하게 지낼 수 있었어요.

결국 '돈=시간'이라는 생각이 들어요. 돈이 많으면 근로생활을 하지 않아도 되죠. 물론 보람과 즐거움으로 일을 하는 사람도 있겠지만요. 저는 제가 시간 들여서 일하고 받는 급여만큼의 소득을 벌 수 있다면 더 이상 일하지 않고 제가 하고 싶은 일, 같이 보내고 싶은 사람들에게 집중할 거예요. 제가 부자가 되고 싶은 이유는 이것입니다.

이런 이유가 있어서인지 앱태기(앱테크+권태기)도 짠태기(짠테크+권태기)도 크게 온 적이 없어요. 재테크를 시작하고 지금까지 즐겁게 짠생활을 했고, 특별한 요행은 따로 없었던 거 같아요. 진짜 우리가 잘 아는 지출통제, 지출방어, 저축, 투자 등 기본기에 충실하니 연봉 3천이 안 되어도 여기까지 오네요. 제가 할 수 있으니 여러분도 할 수 있어요! 모두들 행복한 재테크 생활을 하셨으면 좋겠습니다!

★ **편집자주** : 부동산은 수요공급 물량과 경제 여건에 따라 호황과 불황을 반복합니다. 최근 급등한 부동산 가격을 보며 마음이 급해져서 추격매수를 하기보다 지역분석과 투자 공부를 시작하고 언젠가 올 기회를 잡을 수 있게끔 준비하시기 바랍니다.

철부지 중학생, 부자 되기로 결심하다!

: 젊은 자유 :

대학 대신 취업을 선택, 22살에 아파트 사게 된 원동력은?

저희 집은 경제적으로 여유롭지 못했습니다. 지금 살고 있는 동네로 이사 왔을 때 4인 가족이 1.5룸 지하방에서 살았어요. 그러다 중학생이 된 후 같은 건물 1층으로 옮겼습니다. 15평 투룸이었습니다. 집에 놀러온 친구가 집이 왜 이렇게 좁냐고 물었던 게 생각이 납니다. 철없던 저는 더 넓고 좋은 집으로 이사 가자며 부모님께 화를 냈습니다. 지금 생각해 보면 부모님 마음에 못을 박은 것 같아 죄송스럽네요.

돈 때문에 부모님이 자주 싸우시는 걸 보고 중학교 2학년 때 이런 다짐을 하게 되었습니다.

"그까짓 돈이 뭐라고, 내가 꼭 벌고 만다. 두고 봐."

학생의 본분은 공부라는 것을 부정하는 건 아닙니다. 그러나 저는 공부가 아니라도 충분히 먹고살 수 있겠다는 생각을 했습니다. 어차피 취업을 잘하려고 대학교를 가고, 대학을 가기 위해 공부를 하는 거라면, 지금부터 벌면 되지 않냐는 생각이 들었습니다. 특별한 꿈을 이루기 위해 대학을 진학하는 게 아니라면 그 시간과 비용을 일찌감치 돈을 버는 데 투자해도 아깝지 않다고 생각했습니다.

24살인 현재, 저는 16억 자산을 가지고 있습니다. 물론 보유한 부동산의 총액이기에 대출금을 제외하고 순자산으로만 따지면 몇 억 되지 않지만요. 당연히 부모님의 경제적 지원은 없었습니다.

"조금 더 넓은 곳에서 살고 싶었어요."

좁고 오래된 집에 살다 보니 이사하고 싶다는 생각을 자주 했던 것 같습니다. 얼마가 있어야 이사를 갈 수 있는지 호기심에 인터넷을 뒤져보는데, 너무나 깨끗하고 쾌적해 보이는 신축 빌라가 눈길을 사로잡았습니다. 마침 시세표가 나와 있기에 살펴보니, 실입주금 3천만원에서 4천만원이면 그 집을 살 수 있다고 홍보를 하고 있었습니다. 그때부터 저의 목표는 '3천만원을 모으자!'가 되었습니다.

그러다 고등학교 3학년 때 학교에서 초청한 외부 재무설계사의 돈에 관한 강연을 들을 기회가 있었습니다. 재테크에 관심이 많았던 저는 개인적으로 연락해서 재무상담을 받았고, 생애 첫 포트폴리오를 짜게 되었습니다. 네이버에서 예적금 이자를 계산하면서, 한 달에 얼마씩 모아야 하는지 진지하게 계획했던 모습이 생각납니다.

✦ 고3 때 짠 재무 포트폴리오 ✦
① 500만원 달성까지 예·적금
② 3,000만원 달성까지 펀드·주식
③ 3,000만원 달성 후 부동산

20살이 된 후에는 본격적으로 돈을 모으기 시작했습니다. 투잡도 아닌 쓰리잡을 하며 월급의 80~90%를 저축했고, 주7일 연속 근무한 적도 셀 수 없이 많았습니다. 그렇게 22살이 되자 6천만원을 모을 수 있었습니다.

돈을 모으면서 틈틈이 부동산 책을 읽고, 주말에는 세미나를 들었습니다. 그러다 원수 같은 스승을 만나게 되었어요. 세미나가 끝나니 1:1 자산상담을 해주고, 컨설팅비를 내면 유망지역을 알려준다고 했습니다. 유망지역을 알려주면 제가 세미나와 책으로 배운 이론을 통해 판단하고, 투자를 하는 순이었어요.

결론부터 말하자면, 그 컨설팅업체는 일년 뒤 폐업을 하고 유령 회사가 됩니다. 회원들은 소송을 진행했고요. 저는 소송에 돈을 지불하고 에너지를 쏟기보다는, 교육비를 냈다 생각하기로 했습니다.

성급함이 불러온 두 번째 실수, 기획부동산에 계약금을 보내다

기획부동산에 당할 뻔한 적도 있는데, 지금 생각해 보면 이런 경험들이 다 저를 공부하게 만든 것 같습니다. 기획부동산을 알게 된 것은 20살 때입니다. 부동산에 대해 잘 알지도 못하면서 열정만 앞서던 시기였습니다. 어느 날 지인이 부동산 소액투자처를 홍보하길래 망설임 없이 물어봤습니다.

강남구에 위치한 1층 사무실은 순진했던 저를 현혹시키기에 충분했습니다. 제가 자리에 앉자 평택 안중역 역세권 땅이라고 하며 호재를 설명하기 시작했습니다. 삼성에서 100조를 투자하고, 미군기지가 이전하며, 평택항이 국제무역항으로 개발된다는 등 그가 말하는 호재는 확실한 것 같았습니다.

화려한 브리핑에 넋이 나가서 그 자리에서 계약금을 송금했습니다. 처음에는 제 명의로 땅이 생겼다는 생각에 신이 났지만 다시 생각해 보니 이상한 점이 한두 군데가 아니었습니다. 바로 평택 관할 구청에 전화를 해 확인해 보니 담당 직원이 그런 호재도 없고 안중역과도 가까운 거리가 아니라고 했습니다.

곧바로 계약파기를 요청했고 다행히 계약금을 돌려받을 수 있었습니다. 지금 와서 생각해 보면 계약금을 이미 넣은 상태라 돌려받지 못할 돈이었는데, '스무살짜리한테 12평짜리 땅을 팔아서 무얼 하나' 하는 생각에 돌려준 것 같아요. 강남이라는 지역, 화려한 입담, 전문가라는 타이틀을 믿고 잔금까지 치렀더라면 피 같은 1,800만원을 날릴 뻔했습니다.

두 번의 사건을 겪은 뒤로 저는 의심 많은 손님이 되었습니다. 직접 보고 확인한 것이 아닌 이상 전문가라는 사람들의 말도 의심부터 하게 되었지요. 그렇게 열심히 공부하며 모은 돈으로 화정 구축 아파트에 첫 투자를 하면서 부동산 투자에 입문하게 되었습니다.

경기도 화정 아파트 매수, 생애 첫 내 집 마련

22살 때 저는 화정에 있는 아파트를 앞서 말한 컨설팅업체를 통해서 매수하게 되었습니다. 임장 1회에 200만원, 추가로 임장을 할 때마다 200만원이 붙었는데, 투자금이라고 생각해 망설임 없이 그

돈을 지불했습니다. 그렇다고 임장이 특별한 것도 아니었습니다. 부동산에 가서 매물 파악하고 방문해서 살펴보는, 우리가 기본적으로 생각하는 그런 임장이었어요.

컨설팅업체 덕분에 화정 아파트를 알게 되었지만, 투자는 전적으로 저의 몫이었어요. 컨설팅업체와는 많은 일들이 있었지만 좋은 일이 아니라 이 정도만 이야기하겠습니다.

그렇게 우여곡절 끝에 처음으로 제 이름으로 된 아파트를 갖게 되었습니다. 화정은 GTX-A 대곡 교통호재, 화정역 상권 인프라 활성화 등으로 관심 있게 지켜보던 지역 중 하나였는데, 마침 적정 가격의 매물이 나왔어요. 비록 구축 아파트지만 인테리어도 새로 깔끔하게 마친 후라 제가 가진 종잣돈을 모두 투자해 매수하게 되었습니다.

요즘에도 즐겨 보는 부동산 유튜버와 블로거, 애널리스트가 있습니다. 그러나 두 번의 실수를 겪고 나서는 그분들의 견해를 참고만 하지, 전적으로 신뢰하지는 않게 되었습니다. 투자는 철저하게 본인 몫이니까요. 투자의 결과 또한 전적으로 본인이 책임져야 합니다.

화정 아파트가 괜찮은 투자로 남을 수 있었던 이유는 지역분석에 소홀하지 않았기 때문입니다. 저는 추천을 받으면 지역에 대해 철저히 조사합니다. 그 후 투자금이 저의 상황에 맞다는 생각이 들면 임장을 가 주변 인프라와 아파트를 꼼꼼히 둘러보고 부동산에 들어가 이야기를 나눕니다. 임장 후기도 잊지 않고 작성하고요. 그런 지역을 몇 곳 비교해 보고 그 중 확실한 곳을 선택합니다.

철저한 지역 분석 후
매수한
경기도 화정 아파트

2020년은 최고의 한 해,
초보 투자자 연이어 아파트 계약 성공!

〜〜〜〜〜〜〜〜〜

첫 종잣돈의 목적은 내 집 마련이었습니다. 편히 쉴 수 있는 주거지로서의 안정감이 중요했거든요. 한데 1채로는 부족해 보였습니다. 제가 결혼을 하면 부모님의 주거지나 자녀의 주거지도 필요해질 테고, 또 부동산 투자로 월세를 받으면 안정적인 은퇴생활도 할 수 있겠다고 생각했어요.

그러던 중 코로나가 발병하게 됩니다. 경제 부양을 위해 화폐를 마구 찍어내는 바람에 저금리가 되었고요. 경제가 어려워져도 실물자산은 계속해서 상승하고 있으니, 현금을 가지고 있는 건 비효율적이라는 판단이 들어 쉬지 않고 투자처를 찾았습니다.

그 결과 2020년은 제 인생에 최고의 한 해가 되었습니다. 1월부터 10월까지 시간을 쪼개가며 늘상 기회를 엿봤고, 틈새시장을 공략해 용인, 광주, 송도에 각각 한 채씩 집을 보유하게 되었습니다. 초보 투자자가 어떻게 그게 가능한지, 궁금해하는 분들을 위해 간단하게 투자 흐름을 정리해 보았습니다.

✦ 젊은 자유님의 자산 흐름 ✦

2018년 6월	화정 첫 아파트 매수
2020년 2월	용인 신축 아파트 매수
4월	1인 법인 설립, 법인 계약 변경
5월	용인 신축 아파트 전세 계약
6월	화정 아파트 매도
	광주 분양권 매수
8월	광주 월세 계약
10월	송도 생활형 숙박시설 계약

저금리 환경에서 실물자산 상승 기대감으로 부동산 매수

1 | 용인 신축 아파트 매수 & 전세 계약

2018년 화정에 아파트를 매수한 후 2년간 죽어라 일하고 저축하여 다시 투자금을 마련했습니다.

성남, 용인, 수원 지역 아파트가 몇 달 사이 최고치를 경신하며 12·16대책에서 언급될 정도로 핫한 물건이 되었습니다. 원래 투자하려고 봐뒀던 2개 물건도, 불과 4달 만에 1억~1.5억이 올라 기회를 놓치고 말았어요.

틈새시장을 찾다 보니 용인 역북지구(용인시 처인구 역북동 역북도시개발구역)가 눈에 들어왔습니다. 처인구에 역세권, 신축, 인프라를 갖춘 아파트가 있는데 용인 수지구 아파트와 비교했을 때 저렴해 보일 정도로 시세 반영이 덜되었다는 생각이 들더라고요.

처인구라는 지역을 더 알아보니 용인반도체클러스터 산업단지(반도체산단) 조성 계획이 있고, 여기에 SK하이닉스가 120조원을 투자한다는 호재가 있었습니다. 계획대로 진행된다면 일자리가 생길 것이고, 추가로 하청업체들도 자리를 잡게 될 것이라는 그림이 그려지더라고요. 게다가 판교 테크노밸리, 동탄 테크노밸리도 가까이 있어 사방에 일자리가 널리게 되는 것이죠.

용인에 더 이상의 공급은 없다고 할 정도로 추후 분양할 아파트 물량이 적어, 수요가 안정적으로 늘어날 것이라는 생각이 들었습니다. 수요가 늘어나면 전세가격이 오를 것이고, 그럼 자연스레 매매가도 오를 거라고 판단해, 아파트를 매수하기로 결심하게 됩니다.

본격 투자 준비! 셀프 법인 설립하다!

　화정에 집이 1채 있던 터라 용인 아파트를 매수하게 되면 2주택자가 되더라고요. 1세대 1주택자면 양도소득세가 비과세되는 혜택이 있는데, 이제 그 혜택을 못 받게 되는 거예요. 방법을 고민하던 중 1년 전 읽었던 1인 법인 설립이 떠올랐습니다. 그래서 법인 설립 컨설팅 업체에 자문을 구해 정관 양식을 받고, 이지비즈를 통해 셀프로 법인을 설립해, 양도세와 이자 등의 비용을 줄이는 혜택을 볼 수 있었습니다.★ 이후 법인 계약서를 재작성하고, 임차인과 전세 계약을 맺었습니다.

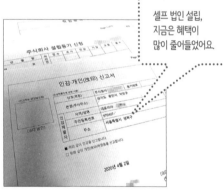

> 셀프 법인 설립,
> 지금은 혜택이
> 많이 줄어들었어요.

★ 운좋게도 저는 법인 투자의 막차에 올라탔어요. 법인 투자는 현상황에서 실천하기 어려운 방법으로 보이거든요. 6·17 부동산 대책이 발표된 후 상황이 많이 달라졌기 때문입니다. 2017년부터 2020년까지 부동산 임대업 법인 투자자가 많아지면서, 정부가 규제를 가하고 있어요. 법인 투자자의 종합부동산세, 양도소득세, 취득세 세율 상향, 종합부동산세 합산배제 혜택 폐지 등으로 인해, 여력이 없는 사람들은 서둘러 처분하려고 하는 분위기입니다.

2 | 화정 아파트 매도로 1,500만원 이득

화정 아파트는 3기 신도시가 발표되자 분위기가 꺾이는 게 보였습니다. 차라리 다른 곳에 투자하자는 마음으로 내놨는데 마침 연락이 와서 매도 계약을 했습니다. 집값이 조금 올라 1,500만원이라는 양도차익도 보았습니다. 화정은 매도 계약하고 나서 조정대상지역★으로 지정되는 바람에 불씨가 꺼져 매도 타이밍이 좋았다는 생각이 듭니다.

3 | 비조정 지역인 광주 분양권 매수

화정 아파트를 처분했으니 이 돈으로 어떤 곳에 투자할까 고민했습니다. 5·16대책이 나온 시점이라, 규제에서 자유로운 비조정지역에 관심이 갔습니다. 김포, 용인, 동탄, 광주를 임장했고, 그 중 판교와 강남에 인접한 경기도 광주가 눈에 들어왔습니다. 판교까지 20분, 강남까지 45분이 걸리는데 서울 경기 핵심지역에 이 정도 교통여건을 가지고 있다면 적당해 보였고, 또 광주는 6월에 이미 불이 붙고 있어서 확실하게 돈이 될 거라는 생각이 들었어요. 이때 신축이라는 메리트를 가진 아파트 분양권이 급매로 나왔습니다.

....

★ 정부는 주택가격 상승률·청약 경쟁률 등이 과도하게 오르는 지역을 조정대상지역으로 지정하고, 대출제한·세금중과·전매제한·청약자격 강화 등의 규제를 둬서 부동산시장이 과열되는 것을 막는다. 비조정지역은 부동산 규제로부터 상대적으로 자유롭기 때문에 투자자들의 관심을 받게 된다.

5월에 임장을 가서 지역조사와 시세조사를 이미 끝낸 터라 화정 아파트 돈이 정산되자마자 계약금을 송금했습니다. 계약금을 송금한 게 6월 11일이었는데, 17일에 광주는 비조정대상지역을 유지한다는 발표가 나면서 6일 만에 분양권 프리미엄이 4천만원 오르더군요.

4 | 송도 생활형 숙박시설 분양

이 정도 했으면 쉴 법도 하다고 생각하는 분들이 있을 수 있습니다. 그런데 광주 분양권에 프리미엄이 확 올라서 투자금을 생각보다 많이 회수하게 되면서 또다시 고민에 빠졌습니다. 그만할까 생각이 들다가도, 현금 가치는 여전히 떨어지고 있다고 생각하니 가만있을 수 없더라고요.

원래 다음 단계로는 경매로 상가에 투자할 생각이었습니다. 그래서 몇 주간 상가 관련된 책과 유튜브에 매달렸어요. 그런데 광주 분양권을 매매하면서 이미 대출을 많이 받은 상태라, 경락자금 대출을 원하는 만큼 받기 어렵다는 이야기를 들었습니다. 제 소득에 비해 대출이 과하기 때문에 DTI(총부채상환비율, 대출원금과 이자가 연소득에서 차지하는 비중)에 걸려 더 이상의 대출은 안 된다는 이야기였습니다. 더구나, 코로나로 인해 유명 상권 1~2층도 공실이라는데, 잘못될 경우 리스크를 감당하기 힘들 거란 생각이 들어, 공부를 더 하면서 자금이 넉넉해지면 그때 시도하기로 결정했습니다.

부동산 규제를 비껴간 '송도 힐스테이트'

투자처에 대한 고민이 늘어갈 때쯤 송도 힐스테이트 분양 소식을 듣게 됩니다. 처음에는 송도로 놀러갈 겸 구경하고 오자는 생각이었습니다. 그런데 막상 모델하우스를 둘러보고, 마감재도 살펴보니 너무 고급스러워 마음이 자꾸 가더라고요. 1세대 1주택을 유지해 양도소득세 비과세 혜택을 지켜야 한다는 생각으로 마음을 비우고 있는데, 상담사가 이 물건은 '생활형 숙박시설'이라고 소개하더라고요.

친숙한 단어로는 '레지던스'라 불리는 호텔식 상업시설이었습니다. 썩 좋은 인식은 아니어서 설명을 듣기만 하고 있었는데, 정부 부동산 규제책을 피해간 물건이었어요. 장점을 몇 가지 적어보자면 아래와 같습니다.

✦ '레지던스'의 장점 ✦
① 계약 시 청약통장이 필요하지 않다.
② 주택 수에 포함되지 않는다.
③ 분양권 전매제한이 없다.
④ 아파트와 동일한 구조이기에 아파트 대체재로 충분할 수 있다.

이런 장점을 가질 수 있는 것은 주택법이 아닌 건축법 적용을 받기 때문입니다. 대표적인 예로는 잠실 시그넬엘, 부산 해운대 엘시티가 있었어요. 최근 예로는 올해 입주 예정인 남양주 힐스테이트 별내스테이원이 있는데, 84㎡ 기준으로 프리미엄이 1억 6천~2억 5천까지 붙었더라고요. 올해 분양한 평촌, 수원의 생활형 숙박시설 또한 몇 천만원 프리미엄이 붙는 걸 보고 계약을 결정하게 되었습니다.

월세 수익을 만들려고 상가를 사려고 했던 건데, 생활형 숙박시설을 매매하게 되면서 제 상황에 맞게 목표 달성을 하게 되었어요. 센트럴파크, 달빛축제공원, 워터프론트도 이용 가능한 역세권 신축이라서 설령 일이 잘못돼서 몸테크를 하게 되더라도 괜찮을 것 같다는 생각이 들어요.

▲ 투자처① 화정 아파트

▲ 투자처② 용인 아파트

▲ 투자처③ 광주 아파트

▲ 투자처④ 송도 생활형 숙박시설
(출처 : 네이버 부동산, 힐스테이트 송도 스테이에디션)

매매차익은 물론 월세 수입까지!
비결은 열망과 노력!

～～～～～～

용인, 광주, 송도 중 하나만 가져도 만족했을 텐데, 이 세 개를 한 해에 다 잡았으니 제가 생각해도 가진 운을 다 쓴 것 같습니다.

다 모아놓고 보면 대단한 일 같지만, 초보 투자자인 제가 한 일은 그저 묵묵히 부동산시장을 떠나지 않고 늘 관심을 가진 것이었어요. 그러다 보니 어느새 자본금이 1억이 되고, 1억이 3억이 되더라고요. 누군가는 위기라고 핑계를 대며 타협하겠지만, 누군가는 간절한 마음, 애절한 마음을 담아 자기 꿈을 실현하기 위해 노력합니다.

저는 한 살이라도 어릴 때 할 수 있는 건 다 시도해 보기로 했어요. 남들 놀 때 일하고, 남들 차 살 때 주식 펀드를 사고, 남들 사치품이나 명품 살 때 컨설팅이나 재테크 책을 소비했던 습관들이 이런 변화를 가져왔다고 생각합니다.

어린 나이에 부동산 투자를 시작할 수 있었던 것은 간절함이 있었기 때문이에요.

아파트를 매매하는 중에 부동산 대책이 연달아 발표돼 계속해서 공부를 할 수밖에 없었습니다. 임대차 3법, 법인 규제, 다주택자 세금, 그에 따른 부가세 환급 등을 끊임없이 공부했습니다. 하루 종일 인터넷을 들여다보고, 부동산 커뮤니티, 지역 내 공인중개사, 담당 세무사에게 수없이 문의를 했고요. 저는 이렇게 의문점을 지식으로 만드는 작업을 계속하면서 성장하고 있습니다. 이제부턴 지금 가진 걸 지키고 다져나갈 생각입니다. 2년 뒤에 임대료 상승분과 그동안 모은 종잣돈으로 상가 경매를 공부할 예정이고요.

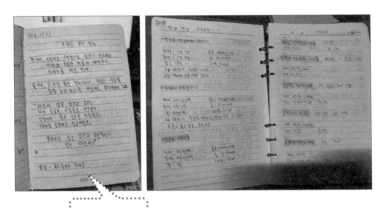

2016년부터 적기 시작한 투자노트

나의 가치는 내가 꿈꾸는 목표만큼 정해진다

전 언제나 미래의 모습을 상상하고 기록해 둡니다. 20살에 적어 놨던 목표는 '25살에 1억 모으기'였는데 이미 달성했고, 2020년 1월에 계획했던 목표는 '27살에 현금 자산 3억 모으기'였는데 벌써 다 이뤘으니 3년은 앞당겨졌어요.

지금 목표는 '28살에 30억 자산가가 되어 현금 8억 보유하기'이고, '30살엔 현금 10억 이상 보유하기'입니다. 제가 꿈꾸고 상상한 사람이 될 때까지 여정은 계속될 것이며, 주어진 환경과 현실에서 최선을 다해 도전할 것입니다.

★ **편집자주** : 부동산은 수요공급 물량과 경제 여건에 따라 호황과 불황을 반복합니다. 최근 급등한 부동산 가격을 보며 마음이 급해져서 추격매수를 하기보다 지역분석과 투자 공부를 시작하고 언젠가 올 기회를 잡을 수 있게끔 준비하시기 바랍니다.

젊은 자유님의 부동산 투자 머니플로 대공개!

1 | 용인 아파트 − 실제 투자금은 4,542만원

2020년 2월에 매매가 3억 6,000만원 아파트를 매수하기로 하고 그동안 부지런히 모아놨던 종잣돈으로 계약금을 넣었습니다. 2020년 10월 기준, 집값이 4억 3,000만원까지 올라 시세차익만 6,200만원이 되었어요. 실제 투자금은 취득세, 중개수수료 등 부대비용을 합쳐 총 4,542만원이 들었습니다. 부동산은 사이버 머니라고도 불리는데, 팔기 전까지는 얼마의 수익이 나는지 확실하지 않기 때문입니다. 그래서 저는 파는 시나리오도 여러 가지로 구상해 놓았습니다. 예를 들어, '20년에 매도하면 양도소득세가 620만원이고, 21년에 매도하면 1,240만원을 내야 하는구나' 식으로 세밀하게 계산해 놓습니다.

그렇게 계산해 보니 실제 투자금 4,542만원으로 97~111% 수익을 거두는 투자라는 것을 알게 되었습니다.

매매가	3억 6,000만원	◀ 현재 4억 3,000만원
전세금	2억 9,000만원	
신용대출	4,000만원	
현금(종잣돈)	4,542만원	◀ 실제 투자금

2 | 광주 아파트 − 실제 투자금은 2,262만원

광주 아파트는 2020년 6월에 계약금을 넣었어요. 광주가 비규제지역이라

대출을 70% 받을 수 있었습니다. 용인 아파트를 2월에 매수했는데, 6월에 또 광주 아파트를 계약할 수 있었던 건 화정 아파트 덕이었어요. 마침 매도 계약이 체결되어 운좋게 투자할 수 있었습니다.

현재 시세차익은 1억 2,200만원인데요, 정부의 규제에서 벗어나면서 갑자기 뛰어오른 집값이 한몫했습니다.

이 아파트는 양도소득세 비과세 혜택을 받는 것으로 시나리오를 구상해 봤어요. 실제 투자금 2,262만원으로 만족스러운 투자 결과를 얻을 수 있었어요.

매매가	3억 9,800만원	◀ **현재 5억 2,000만원**
월세보증금	7,000만원	
월세	70만원/월	
주택담보대출	3억 3,600만원	◀ **월세로 대출이자 충당**
현금(종잣돈)	2,262만원	◀ **실제 투자금**

3 │ 송도 생활형 숙박시설 – 실제 투자금은 7,250만원

송도 힐스테이트 분양금은 7억 2,500만원이었습니다. 계약금은 분양가의 10%로 7,250만원이었습니다.

분양가	7억 2,500만원	
현금(종잣돈)	7,250만원	◀ **실제 투자금**

욜로 청산! 치열한 공부 끝에 다주택자 등극!

: 호치s :

주상복합 예비당첨 포기, 아뿔싸! 지금은 P가 3억!

저는 2016년 1월에 결혼을 했고, 15년 10월경에 입주를 시작한 25평 아파트 분양권을 3억에 구입했습니다(프리미엄 6천 포함). 1.7억이 순자산이었고 주택담보대출을 1.3억을 받았죠.

제가 아파트를 매수했을 때는 울산 아파트 가격이 고점일 때였어요. 신혼생활을 시작하고 나서 울산 아파트 시장에 대하락기가 찾아옵니다. 주변 구축 아파트들의 가격이 떨어지는 걸 보며, 우리 아파트는 신축이라서 가격방어는 하고 있다고 생각했습니다.

신혼 초기, 욜로생활을 즐기며 여행도 많이 다니고 옷도 많이 사고 남들과 다를 것 없는 삶을 살았죠. 4년간 즐겁게 생활을 한 탓에 대출상환액은 겨우 6천만원이었습니다.

그런 생활을 하던 2019년 1월, 저는 울산의 주상복합 아파트에 예비순위 2번으로 당첨됩니다. 그 당시 분양가는 4억 중반으로 울산에서는 찾아보기 힘든 고가의 분양가였죠. 저희 부부는 부동산에 대한 지식 없이 청약을 한번 넣어본 것뿐이었고, 주변에서도 계약을 말렸기에 모델하우스에서 세 차례나 전화가 오는 걸 무시했습니다. 지금 이 주상복합은 프리미엄만 3억이 붙었습니다.

그 정도로 부동산에 무지했던 저희 부부였죠. 아마 운명의 그날, 전환점이 없었더라면 아직도 25평 아파트에 살면서 대출을 더 받아 34평으로 이사를 갈까 말까 고민하고 있었을 것입니다.

절치부심, 값진 경험을 발판삼아
울산 대장아파트 매매까지 골인

2019년 8월경 아내가 두 군데 모임에서 비슷한 이야기를 듣고 왔습니다. 울산 아파트가 다른 지역에 비해 저평가돼 있다는 것이었습니다. 이 이야기를 들은 아내는 부동산에 관심을 보이기 시작했습니다. 당시 대장아파트의 시세는 5억 중후반이었습니다. 아파트 살 돈을 마련하기 위해 밤새도록 계산기를 두들겨보고 자산내역을 확인해 보며 대출 시뮬레이션을 구상했습니다. 아파트를 보러 간 날, 저희 부부는 무모하게도 가계약을 하고 돌아왔습니다.

그 집을 구입하기 위해서는 5.5억에서 전세금을 뺀 금액이 필요했습니다. 저희는 과감히 25평 아파트를 정리하고, 10월경 보증금 5천에 월세 45만원인 주변 34평 아파트로 이사를 했습니다. 운이 좋아서 시세보다 20만원 이상 싼 월세를 구하게 되었죠. 월세보증금까지 합쳐서 순자산은 2.3억 남짓 되었습니다. 이를 계기로 저희는 인생의 큰 전환점을 맞이하게 되었습니다.

청약 당첨 후 7·10대책 발표!
다주택자 선택의 갈림길

1 | 울산 동구에 청약으로 아파트 2채 당첨

2019년 9월 이후 울산은 대상승장이 찾아옵니다. 외지 투자자들이 몰리고 가격이 조금씩 오르면서 울산 주민들도 아파트에 관심을 가지기 시작합니다. 그에 따라 그동안 지지부진하게 진행되던 재개발·재건축·지주택*도 다시 활성화되기 시작합니다. 그러나 무엇보

★ 지역주택조합의 줄임말로 동일한 지역에 거주하는 사람들이 자발적으로 설립한 조합을 말한다. 지주택은 분양 성공률도 낮고, 추가부담금 납부 등의 리스크가 있어 일반적으로 많이 선호되지 않는다. 그러나 상승장에서는 이런 지주택도 활발하게 거래되곤 한다.

다도 2023년까지 아파트 공급이 절대적으로 부족하다는 점이 울산에 대상승장을 만들어냅니다.

제가 구입한 울산 대장아파트도 5.5억에서 시작해 무섭도록 상승세를 타 2020년 10월 기준 실거래가가 10억 이상으로 계속 상승하는 중입니다.

저희는 당첨되고도 계약하지 않은 주상복합 아파트가 급격하게 상승하는 것을 경험했기 때문에, 집값이 많이 오를 경우 지불해야 하는 세금도 공부했습니다. 아파트 가격이 오르는 만큼 양도소득세도 커지기 때문에 가격이 많이 오른 대장아파트를 비과세 대상으로 만들어야겠다고 생각했습니다. 첫 번째 주택 등기 후 1년이 지나서 두 번째 아파트 등기를 쳐야 첫 주택이 일시적 1가구 2주택으로 비과세 혜택을 받을 수 있기 때문에, 등기한 지 1년이 지난 2021년 1월 이후 다른 아파트 등기를 하자고 계획했습니다.★

2020년 6월, 울산 동구 대단지 아파트 분양이 시작되었습니다. 동구는 울산에서 상대적으로 덜 선호하는 지역이고 6월 이후 남구·중구에서 줄줄이 청약이 예정돼 있었습니다. 저희 부부는 1주택이어서 무주택자에 비해 청약 당첨 확률이 매우 떨어지는 조건이었습니다.

★ 일시적 1가구 2주택 혜택을 받기 위해선 A아파트 등기 후 1년 뒤에 B아파트 등기를 해야 한다. 그리고 A아파트는 보유(지역에 따라 실거주 요건 필요)를 2년 하고 B아파트 등기 후 3년 안에 팔아야 비과세가 가능하다.

그래서 전략적으로 비선호 지역인 동구에, 비선호 타입으로 각각 분양신청을 하였고 운좋게도 둘 다 높은 층에 당첨이 되었습니다.

　지역에 따라, 상황에 따라 부부가 같이 청약에 당첨될 수 없는 곳도 있지만, 울산은 비규제지역이고 특별공급이 아닌 1순위 청약이어서 부부가 동시에 당첨되는 것이 가능했습니다. 아내는 청약통장을 오래전에 만들어 가점제로, 저는 추첨제로 당첨이 될 수 있었죠.

　하지만 기쁨도 잠시, 정부가 강력한 7·10대책을 발표했습니다. 저희는 원래 대장아파트가 많이 오르면 그것을 팔고 적당한 곳에 살며 투자를 계속하려고 했습니다. 그래서 대장아파트가 비과세 혜택을 받을 수 있는지가 중요했죠. 하지만 정부의 정책을 보니 똘똘한 한 채를 오래 가지고 가는 게 유리하다는 생각이 들었습니다. 그리고 전세와 월세가 너무 많이 올라 저희가 내야 할 월세가 대장아파트 주택담보대출 이자보다 비싸져서 대장아파트에 실거주를 하는 것이 낫다는 결론을 내렸습니다. 이렇게 대장아파트 실거주를 결정한 그날, 저희의 투자는 2차 전환점을 맞이하게 됩니다.

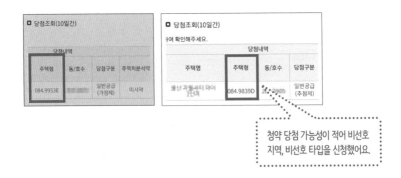

청약 당첨 가능성이 적어 비선호 지역, 비선호 타입을 신청했어요.

2 | 비과세 포기하고 재개발 투자를 선택!

대장아파트 실거주를 선택한 이상 다른 아파트는 양도세 비과세 혜택을 누릴 수 없습니다. 정부의 부동산 규제 정책이 계속해서 바뀌었지만, 저희 부부는 투자를 이어가기로 결정했습니다. 그러나 관심 있게 지켜봤던 울산의 아파트들은 이미 가격이 많이 올라 투자가 어렵게 되었습니다. 그래서 타지로 눈을 돌리게 됩니다.

두 번째로 선택한 아파트는 마산에 있는 재개발 구역이었습니다.* 이곳은 일반분양은 내후년, 완공은 2025년쯤으로 예정된 상황입니다. 저희는 장기투자를 목적으로 8월, 실투자금 9천만원대로 계약합니다.

이렇게 4주택으로 1차 포트폴리오가 완성되었습니다.

✦1차 포트폴리오✦
① 대장아파트(2022년 2월 실거주 예정)
② 울산 동구 아파트 분양권 2개(2023년 5월 완공)
③ 마산 재개발(2025년 완공)

★ 마산 재개발 투자처는 멸실된 재개발 지역이라서 무조건 취득세가 4.6%라는 장점이 있다. 건물을 더 이상 주택으로 보지 않아 취득세 중과 없이 토지분 취득세만 부과되기 때문이다.

3 | 치밀한 계산으로 재건축 아파트에도 투자!

1차 포트폴리오가 완성되니 아쉬운 부분이 생겼습니다. 2020년 10월부터 2023년 5월 동구 아파트 완공까지 2년 7개월이 넘는 기간이 비어 있게 된 거죠. 비과세를 포기하고 투자하기로 마음먹으니 그 기간이 아쉽게만 느껴졌습니다. 2년이면 아파트를 매수·매도해서 양도차익이 생길 수 있는 기간이니까요.* 수익이 조금이라도 나면 아무것도 안 하는 것보다는 낫다는 생각이었습니다.

그래서 또다시 지도를 펼쳐들었습니다. 이번에는 실투자금 2억을 주고 울산 남구 재건축 아파트에 투자하기로 했습니다. 하지만 이곳은 멸실되지 않아서 세 번째 주택에 해당돼 취득세가 8.8%, 자그마치 2천만원대였습니다.

공부를 조금 더 하고, 조금 더 고민했더라면 이 아파트를 두 번째로 취득해서 취득세를 1.1%로 줄이고, 마산 재개발구역을 세 번째로 취득해서 취득세를 4.6%로 절감할 수 있었을 것입니다. 1,500만원 정도 손해를 봤지만 배워가는 과정이라고 생각하고 털어버리기로 마음먹었습니다.

그렇게 2차 포트폴리오가 완성되었습니다.

....

★ 아파트 등기 후 2년 내에 매도를 하면 양도세가 많이 붙지만(60~70%, 중과세 별도 부과), 2년이 지나면 일반과세로 매도를 할 수 있다.

✦ 2차 포트폴리오 ✦
① 대장아파트(2022년 2월 실거주 예정)
② 울산 동구 아파트 분양권 2개(2023년 5월 완공)
③ 마산 재개발(2025년 완공)
④ 울산 남구 재건축(2023년 6월 완공)

순자산이 3배로 늘어날 수 있었던 이유!
운, 노력, 그리고 대출의 힘!

2019년에 순자산 2.3억이었는데, 어떻게 아파트를 이렇게 많이 살 수 있냐, 부모의 도움을 받은 게 아니냐 생각하는 분들이 계실지 모르겠습니다. 심지어 저희 부부는 아이도 있어서 2019년 8월~2020년 2월까지는 아내가, 2020년 3월~8월까지는 제가 육아휴직을 썼어요. 1년 동안 외벌이로 살아야 하고, 월셋집에서 살아야 하니 마음 단단히 먹자며 파이팅을 외쳤던 기억이 납니다.

자가로 살던 25평 신축 아파트를 매도하고 오를 만한 아파트를 산 것이 자산 증식에 가장 큰 도움이 되었습니다. 신혼 때 처음 마련해서 잘 살던 아파트를 매도하고 구축 아파트 월세로 들어가는 것은 저희에게도 큰 결정이었습니다. 그 돈으로 산 대장아파트가 10억까지 올랐습니다. 지금도 무섭게 상승하는 중이고요.

10억에서 세입자 전세금 3.7억을 제하면 6.3억이 남지요. 여기에 월셋집 보증금 5천에 그동안 모은 자투리 돈까지 합치면 순자산이 8억까지 불어납니다. 2019년 순자산이 2.3억이었으니까 1년 만에 3배 이상 늘어난 거예요. 물론 아파트 하나 잘 사서 그렇게 된 것이지만요. 이 점에 대해서는 부정하지 않습니다. 너무도 운이 좋았죠.

두 번째 투자부터는 열심히 분석하며 전략을 짰습니다. 저는 대출도 자산이라고 생각해 부동산 수를 늘릴 때 적당히 활용했습니다. 금리 인상을 고려하지 않은 영끌은 반대하지만, 대책 있는 대출은 긍정적으로 바라봅니다. 구체적인 대출액수를 밝힐 수는 없지만, 보수적으로 2년 반에 1억씩 상환한다는 목표로 절약하며 갚아가면 두렵지 않습니다.

✦호치s님의 자산 흐름✦

2015년 10월	25평 분양권 매수	3억 = 1.7억(자산) + 1.3억(대출)
2019년 1월	주상복합 예비 2번	계약 포기
8월	대장아파트 매수	5.5억 = 1.8억(25평 아파트 매도금 중 일부) + 3.7억(임차인 전세금)
10월	34평 월세	5천(월세 보증금) 4.5억(대장아파트 상승분)
2020년 10월	현재	순자산 8억+α

저희는 누구보다 바쁜 1년을 살았다고 생각합니다. 치열하게 공부했고, 치열하게 계산했고, 신중하게 결정했기 때문에 후회는 없습니다. 글로는 쉽게 설명했지만 하나를 결정할 때마다 수없이 많은 시나리오를 썼다 지웠다 했습니다. 대출이자도 계산하고 기대수익도 따져보면서 제가 감당할 수 있는가를 가장 중점적으로 고민했습니다. 이처럼 치열하게 따져본 후에 매수를 결정했습니다.

2019년 저희 부부가 세웠던 재무목표 중 하나가 '2030년에 순자산 10억 만들기'였습니다. 운좋게도 지금 순자산이 8억까지 불어났으니, 10년 동안 저축만 해도 목표를 훌쩍 넘길 것 같더라고요. 그래서 저희의 목표는 '2025년까지 10억 만들기'로 수정되었어요!

▲ 울산 대장아파트

▲ 출처 : '호갱노노' 앱

5주택 성공의 핵심은 '부자 마인드'

이렇게 치열한 1년을 보낸 후 느낀 점이 있습니다.

첫 번째, 제일 중요한 것은 종잣돈입니다. 아무리 부동산이나 주식을 통해 수익을 창출하더라도 씀씀이가 크다면 더 많은 부를 축적할 수 없습니다. 절약하고 모아서 종잣돈을 계속 불리고 대출을 상환해 나가야 더 많은 투자를 할 수 있겠죠.

저희는 일단 할 수 있는 것부터 시작했습니다. 월재연 카페에서 다른 사람들의 가계부를 정독했고, 저와 아내의 월급을 합쳐서 지출을 계산해 보았습니다. 그랬더니 1년 동안 모을 수 있는 금액이 나오더라고요. 그리고 중점적으로 실천한 내용은 다음 두 가지입니다.

1 | 저축 목표를 높게 잡자

가계부를 매일 작성해서 월재연 카페에 업로드를 하고 지출통제를 하는 한편, 저축 금액을 조금씩 늘려갔습니다. 아내와 제가 번갈아 가면서 휴직을 하는 동안 외벌이로 생활했기 때문에 최대한 아껴 쓰고 저축액을 늘리는 데 중점을 두었습니다.

■ 항목별 예산과 실적 정리

구분		예산	실적	차이
고정 지출	월세	450,000	450,000	0
	식사비	80,000	80,000	0
	아파트관리비	250,000	239,050	10,950
	휴대폰비	75,000	70,420	4,580
	통신비	54,000	53,429	571
	케비	60,000	60,000	0
	보험료	410,000	404,640	5,360
	용돈	275,000	275,000	0
	운동	69,000	69,000	0
변동 지출	식생활비	400,000	321,335	78,665
	육아	200,000	342,876	-142,876
	병원비	40,000	21,790	18,210
	의류비	40,000	2,500	37,500
	문화	10,000	-	10,000
	경조사비	10,000	-	10,000
	유흥비	300,000	106,073	193,927
비정기 지출	재산세	0	-	
	종합소득세	0	-	
	자동차보험료	0	-	
	자동차세	0	-	
	명절비	0	-	
재테크	적금	200,000	200,000	0
	예금	67,000	67,000	0
	펀드	0	-	
	CMA	0	-	
	연금	0	-	
	청약통장	0	-	
	비상금	0	-	
기타	기부	10,000	10,000	0
합계		3,000,000	2,773,111	226,887

제목	작성일
호치) 7월부수입결산 😊 [13]	2020.08.02.
호치)3인가족70만원살기 요래조래 지출 당첨당첨 😊 [10]	2020.07.30.
호치) 3인가족70만원살기 다이어트의적 오늘도당첨 😊 [21]	2020.07.29.
호치) 3인가족 70만원살기 마트장보기 소소당첨 😊 [19]	2020.07.28.
호치) 3인가족70만원살기 브라운체온계 전지구입 하프순살당첨♡ 😊 [18]	2020.07.27.
올물 가입하고 스탬프모아서 스벅 받아요 😊	2020.07.27.
호치) 3인가족70만원살기 드라이 말기고... 노물모 달폼... 😊 [9]	2020.07.24.
호치) 3인가족70만원살기 23일기부 홈플러스지출 올폼 😊 [27]	2020.07.24.
호치) 3인가족70만원살기 백화점나들이 단꿈!!!!! 😊 [20]	2020.07.22.
호치)3인가족70만원살기 당첨그득 지굿한병원 😊 [42]	2020.07.21.
호치) 3인가족70만원살기 무지출 기본소식 조금 당첨 😊 [13]	2020.07.20.
호치) 3인가족70만원살기 17일당 안아픈게 돈버는 것 매우당첨 😊 [12]	2020.07.18.
호치) 6월결산 마이너스 가부 ㅎㅎ [9]	2020.07.17.
호치) 3인가족70만원살기 드디어 마지막 날 당첨않은 날 😊 [16]	2020.07.16.
호치)3인가족70만원살기 마스크구입 플인스벅 😊 [14]	2020.07.15.

▲ 한달 예산과 결산을 기록한
　가계부　　　　　　　　▲ 매일 월재연 카페에 공유한 가계부

2 | 부수입을 만들자

　부업을 겸할 수 없는 직종이라 부수입 창출에 대해 많은 고민을 했습니다. 지금까지는 생각 없이 써버렸던 출장비, 복지비 등도 꾸준히 모으고 이벤트에 당첨되어 받은 기프티콘을 판매하는 방법으로 부수입을 얻었습니다.

	적금	예금	총액
1월	₩800,000		₩800,000
2월	₩800,000	₩67,000	₩867,000
3월	₩800,000	₩563,610	₩1,363,610
4월	₩800,000	₩1,015,200	₩1,815,200
5월	₩800,000	₩1,258,490	₩2,058,490
6월	₩800,000		₩800,000
7월	₩800,000	₩757,770	₩1,557,770
8월	₩800,000		₩800,000
9월	₩800,000	₩2,989,240	₩3,789,240
10월			₩0
11월			₩0
12월			₩0
	₩7,200,000	₩6,651,310	₩13,851,310

	부수입
1월	406,216
2월	1,064,898
3월	898,272
4월	180,285
5월	263,096
6월	603,553
7월	214,167
8월	600,858
9월	195,654
10월	
11월	
12월	
	4,426,999

▲ 2020년 저축표　　　　▲ 2020년 부수입표

이 두 가지는 투자를 하면서도 끊임없이 노력해야 하는 부분이라고 생각하고 지금도 열심히 실천하고 있습니다.

두 번째로는 마인드 변화입니다. 대출이 많으면 그만큼 이자가 많아지기에 아깝다고 생각할 수 있습니다. 시각을 바꿔, 투자자의 관점에서 생각해 보죠. 대출이자를 감당할 수만 있다면, 이자보다 더 많은 수익을 창출해 내기만 하면 이득입니다. 가령 1억을 대출받았을 때 1년 이자가 300만원이라면 2년이면 600만원의 이자를 내야 합니다. 그런데 그 1억을 부동산에 투자하여 2년 동안 가격이 1천만원 오른다면 이자보다 더 많은 수익을 얻게 되는 것입니다.

월세도 그렇습니다. 이전까지 저희는 월세로 내는 돈은 없어지는 돈이라서 아깝다고 생각했습니다. 하지만 아파트를 매도하거나 전세금을 뺀 돈으로 종잣돈을 마련하여 투자를 하면 월세 내는 것보다 더 큰 수익을 만들어낼 수 있습니다.

이렇게 생각을 바꿔야 투자를 잘할 수 있다고 생각합니다. 저도 세 번째 아파트를 사면서 취득세 1,500만원의 손해 아닌 손해를 봤지만 세금보다 양도차익이 더 많으면 되지 않겠냐는 생각으로 투자를 했습니다. 마인드의 변화 없이는 큰 투자를 할 수 없다고 생각합니다.

마지막으로 리스크 관리는 필수적으로 해야 합니다. 세상은 어떤 일이 생길지 모릅니다. 작년 오늘, 불과 몇 개월 뒤에 코로나가 전 세

계적으로 창궐할 거라고 누가 생각이나 했을까요. 미국이 잭슨홀 미팅에서 금리를 5년 동안 올리지 않겠다고 했습니다. 하지만, 금리는 언제 올라갈지 모르는 불확실한 요소입니다. 현재 저금리로 대출을 받더라도 금리가 올랐을 때 감당할 수 있을 만큼의 대출을 받는 게 리스크 관리의 첫 번째라고 생각합니다.

그리고 한곳에 '몰빵'하여 투자하는 것도 좋지 않다고 생각합니다. 저희 부부가 앞으로 나아가야 할 방향이기도 하지만, 지역별로 균형 있는 투자를 해야 위험부담을 줄일 수 있다고 생각합니다. 무조건 잘될 것이라고 행복회로만 돌리는 것도 문제가 있습니다. 부자 마인드를 가지라고 했지만 투자는 실패할 수도 있다는 것을 염두에 두어야 합니다. 최악의 경우도 생각해 놔야 만약의 사태에 대비할 수 있습니다.

저는 여전히 부린이고 공부를 하는 초보 투자자지만 몸으로 움직인 1년 사이에 많은 변화가 있었습니다. 저의 모습을 통해 누구나 공부를 하고 투자를 할 수 있다는 것을 알려드리고 싶었습니다. 제 부족한 글이 부동산 투자에 대해 고민하는 분들께 작은 도움이 되었으면 좋겠습니다.

....

★ **편집자주** : 부동산은 수요공급 물량과 경제 여건에 따라 호황과 불황을 반복합니다. 최근 급등한 부동산 가격을 보며 마음이 급해져서 추격매수를 하기보다 지역분석과 투자 공부를 시작하고 언젠가 올 기회를 잡을 수 있게끔 준비하시기 바랍니다.

돈 되는 부동산 앱 활용법

부동산에 투자한다고 하면 아파트를 구매하는 것만 생각하는 경우가 많습니다. 그러나 사실 부동산 투자는 종류가 굉장히 많습니다. 막상 부동산 투자를 시작하려고 하면 막대한 정보에 막막해질 거예요. 부린이 여러분을 위해 지역분석을 도와주는 '부동산지인' 사이트, 알짜배기 빌라 정보를 알려주는 '디스코' 앱을 소개합니다.

1 | PC에서 부동산지인 활용하기

부동산지인은 빅데이터 기반의 아파트 정보 사이트예요. 방대한 양의 데이터를 기반으로 시장 상황을 파악하기 용이한 웹서비스입니다. 어떤 물건을 봐야 할지 고민하는 사람들에게 관심 가질 지역부터 보여주기 때문에 거시적으로 접근할 수 있다는 장점이 있습니다.

❶ 부동산지인 홈페이지(https://www.aptgin.com/)에 접속합니다.

❷ 왼쪽 상단의 '지역분석'을 클릭한 후 원하는 지역을 선택합니다.

❸ 스크롤을 내려 화면에 표시된 '멀티차트 현황'을 확인합니다. 차트에 마우스를 올리면 기간별 매매가와 전세가를 한 번에 확인할 수 있습니다.

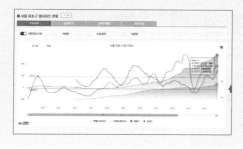

❹ 아파트 시세도 확인할 수 있습니다. '시장강도' 옆에 표시된 〈아파트 목록보기〉를 클릭합니다. 혹은 상단의 카테고리에서 '아파트 분석'을 클릭해도 됩니다.

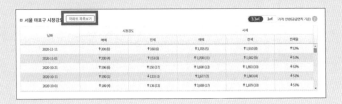

❺ 시군구 단위 혹은 동 단위에서 아파트를 검색할 수 있습니다. 필터는 매매시세, 매/전 차액, 면적, 세대수, 전세시세, 전세율, 경과년수 등 8가지가 있습니다. 필요에 따라 조정하여 검색하세요.

2 | 빌라를 찾을 땐 디스코 앱 활용하기

종잣돈이 부족한 분들은 비싼 아파트보다는 빌라에 관심이 많을 거예요.
'빌라'라는 이름으로 많이 알려진 연립주택에 대한 정보는 아파트와 다르게
찾기가 힘들 수 있습니다. 빌라를 찾을 땐 디스코 앱을 이용해 보세요. 연
립주택에 대한 기본정보는 물론 실거래가, 매물, 경매, 토지, 건물 정보까지
한 번에 확인할 수 있습니다.

❶ 정보를 원하는 연립주택의 주소를 검
색한 후 '토지' 탭을 클릭하여 대지면
적, 지목, 용도지역을 확인합니다.

오래된 빌라는 '건물'보다
'땅'의 가치를 파악하는
것이 포인트입니다.

❷ 하단으로 내리면 개별공시지가 확인
이 가능하고, 연도별 개별공시지가
추이도 그래프로 볼 수 있습니다.

평단가와 시세 비교는
필수죠!

90년생 재테크!

월재연 슈퍼루키 10인 지음 | 14,000원

네이버 No.1 재테크 카페 월재연 슈퍼루키 10인의 재테크 이야기

- 재미있게! 꾸준하게! 2030세대의 유쾌발랄 뉴트로 재테크
- 90년대생들의 현명하고 야무진 재테크 비결

★ 궁상맞지도, 힘들지도 않아요!
  하고 싶은 것 다 하면서도 아낄 수 있어요!
1. 대학생도, 취준생도 할 수 있다!
2. 2030세대 월급으로도 할 수 있다!
3. 무작정 아끼지 않아도 할 수 있다!

왕초보 월백만원 부업왕

월재연부업왕 지음 | 15,000원

월재연 40만 회원 열광! 스마트폰+자투리시간 부업왕 비법 대공개!

- 부업으로 월 100만원! 고수 13인의 노하우 수록!
- 스마트폰으로 제2의 월급 만드는 하루 10분 실천법

★ 왕초보도 월 100만원 버는 부업왕 3단계!
1. 짬짬부업왕 : 앱테크, 은행이자보다 높은 포인트 적립
2. 절약부업왕 : 스마트폰 활용, 공과금 절약
3. 현금부업왕 : 상품권, 기프티콘, 물건 현금 전환

서울 연립주택 투자지도

이형수 지음 | 22,000원

서울 내집마련의 마지막 기회가 왔다!
5천만원으로 시작하는 신축아파트 투자법!

- 서울 연립주택 BEST 100 대공개!
- 대지지분, 용적률 등 돈 되는 알짜정보가 가득!
- 연립주택 4단계 투자법으로 왕초보도 간단하게!

부록 | 실시간 발품정보 '연립주택 AS 쿠폰' 제공

미국 배당주 투자지도

서승용 지음 | 22,000원

나는 적금 대신
미국 배당주에 투자한다!

- 미국 배당주 BEST 24 추천!
- 수익률 10% 고배당주, 1년에 4번 현금배당!
- 초보자도 쉽게 배우는 종목 분석 체크리스트 제공!

★ 월급쟁이부터 퇴직자까지 투자자 유형별 종목 추천!
1. 퇴직자라면? 고정배당 우선주(배당률 5~8%)
2. 월급쟁이라면? 배당성장주(배당률 2~4%)
3. 공격적 투자자라면? 고배당주(배당률 10%)